dtv

Was ist bloß aus unserem guten alten Weihnachten geworden? Ist das Fest der Liebe noch zu retten? Und wie können wir dem Weihnachtswahn entgehen? Joseph Roth, Bertolt Brecht, Helmut Qualtinger, Kurt Tucholsky und viele andere berühmte Autoren geben in dieser Sammlung überraschende Antworten. Mit schrägen und satirischen Texten nehmen sie den Weihnachtswahn auf die Schippe – und zeigen Alternativen auf. Ihre Erlebnisse und Einsichten lassen Vorfreude aufkommen auf das, was zwischen Kitsch, Kommerz und Kollaps noch zu finden ist.

Der Herausgeber *Günter Stolzenberger* ist freier Publizist und lebt in Frankfurt am Main. Bei dtv erschienen von ihm bereits mehrere erfolgreiche Anthologien, darunter ›Busch. Und überhaupt und sowieso‹ (13624) und ›Ringelnatz. Zupf dir ein Wölkchen‹ (13822).

Weihnachtswahn
und Weihnachtswonnen

Ein Lesebuch zum Fest der Liebe

Herausgegeben
von Günter Stolzenberger

Deutscher Taschenbuch Verlag

Vom Herausgeber Günter Stolzenberger
sind im Deutschen Taschenbuch Verlag erschienen:
Busch. Und überhaupt und sowieso (13624)
Ringelnatz. Zupf dir ein Wölkchen (13822)
Wonneschauernaschpralinen (13887)

Originalausgabe 2010
Deutscher Taschenbuch Verlag GmbH & Co. KG,
München

Umschlagkonzept: Balk & Brumshagen
Umschlagbild: Gerhard Glück
Gesetzt aus der Bembo 10/12,25·
Gesamtherstellung: Druckerei C. H. Beck, Nördlingen
Gedruckt auf säurefreiem, chlorfrei gebleichtem Papier
Printed in Germany · ISBN 978-3-423-13925-0

Inhalt

I

Schafft Weihnachten ab!
Rettet das Fest der Liebe

Heinz Kahlau

Weihnachtslegende

Wir sollten es versuchen,
trotz Gans und Pfefferkuchen,
dass Frieden wird auf Erden.
Mal muss das doch was werden.

Mit Hoffnung, Mut und Zuversicht,
sonst bringt das ganze Feiern nichts.

Setzt euch um Tann und Fichte,
macht nicht das Licht zunichte,
hört auf euch zu verrenken –
wir sollten uns beschenken

mit Hoffnung, Mut und Zuversicht,
sonst bringt der ganze Rummel nichts.

Kurt Tucholsky

Gefühle nach dem Kalender

Eigentlich ist es ja ein bißchen merkwürdig: wenn nur noch wenige dünne Kalenderblätter den Abreißer vom 24. Dezember trennen, so senkt sich jenes weihnachtliche Gefühl auf ihn hernieder, das ihr alle kennt. Er wird ein bißchen weich, er wird ein wenig träumerisch, und wenn der ganze Apparat des Einkaufs vorbeigeklappert ist, wenn all das Tosen und Wirken vorüber ist, dann saugt er doch an seiner Weihnachtszigarre und denkt sich dies und das und allerlei. Aber wie denn? Kann man denn seine Gefühle kommandieren –? Kann man denn – nach dem Kalender – seine Empfindungen regeln?

Man kanns nicht. Der Schnurriker Mynona erzählt einmal die Geschichte vom Schauspieler Nesselgrün, dem es plötzlich einfiel, sein ihm zustehendes Weihnachten im August zu feiern – und unter unendlichem Hallo geht denn diese deplacierte Festlichkeit auch vor sich. Aber wir haben doch gelacht, als wir das lasen. Könnten wir andern das auch? Es ist wohl nicht nur die Furcht, uns lächerlich zu machen – es muß noch etwas anderes sein.

Der Grund, daß wir wirklich – jeden Weihnachten – in jedem Jahr – immer aufs neue imstande sind, genau um den 25. Dezember herum die gleichen starken Gefühle zu hegen, liegt doch wohl darin, daß sie sich angesammelt haben. Es muß doch irgend etwas da sein, das tropfenweise anschwillt, das ganze Jahr hindurch.

Schließlich ist doch der Kalender etwas ganz Äußerliches, Relatives, wir sind in gewisser Hinsicht mit ihm verwachsen – aber die Zeit ist nicht in uns, wir sind in der Zeit. Und das kleine Blättchen, das den Vierundzwanzigsten anzeigt, ist kein Grund, es ist ein Signal und ein Anlaß.

Ich habe immer das Gefühl, als ob wir jede Woche im Jahr weihnachtliche Empfindungen genug aufbrächten – aber gute Kaufleute, die wir sind, legen wir sie ›in kleinen Posten‹ zurück, bis es sich einmal lohnt. Im Dezember ist dann das Maß meist voll.

Ist es nicht schließlich mit jedem Gedenktag so –? Warum sollen wir gerade am neunzehnten an sie denken, und warum nicht einen Tag später –? ›Heute vor einem Jahr – –‹ ach Gott, entweder wir empfinden immer, daß sie auf der Welt ist – oder wir empfindens am neunzehnten auch nur konventionell. Gefühle nach dem Kalender –: das geht nur, wenn der Kalender sie ins Rollen bringt.

Gefühle nach dem Kalender ... Wir haben alle nur keine Zeit, um gut zu sein, wie? Wir haben nur alle keine Zeit. Und müssen tausend- und tausendmal herunterschlucken und herunterdrücken und sind vielleicht im Grunde alle froh, allweihnachtlich einen Anlaß gefunden zu haben, den gestauten Sentiments freien Lauf zu lassen. Wer erst nach dem Kalenderblatt sieht, sich vor den Kopf schlägt und »Ach, richtig!« ruft – dem ist nicht zu helfen.

Vielleicht hat diese neue – ehemals große – Zeit manches am deutschen Weihnachtsfeste geändert. Ich weiß nicht, obs innerlicher geworden ist. Es täte uns so not – nicht aus Gründen der Religion, die jedermanns Privatsache ist – sondern aus Gründen der Kultur. Diesem Volk schlägt ein Herz, aber es liegen so viel Kompressen darauf ...

Reißt sie ab. Wagt einmal (was besonders dem Norddeutschen schwer und sauer fällt), wagt einmal, geradeaus zu empfinden. Und wenn euch das Fest nach all dem, was geschehen ist, doppelt lieb, aber doppelt schwierig erscheint, dann denkt daran, wie ihr es im Feld gefeiert habt, und wo – und denkt daran, wie es ein Halt gewesen ist gegen die Lasten des äußern und innern Feindes, und wie schon das Datum, wie schon der Kalender Trost war in verdammt schwarzen

Tagen. Und – weil wir hier gerade alle versammelt sind – denkt schließlich und zu guter Letzt – auch an etwas anderes.

Nach dem Kalender fühlen … Aber habt ihr einmal geliebt …? Die Damen sehen in ihren Schoß, und die Herren lächeln so unmerklich, daß ich von meiner Kanzel her Mühe habe, es zu erkennen. Also ihr habt geliebt, und ihr – ich sehe keinen an – liebt noch. Nun, ihr Herren, und wenn sie Geburtstag hat? Nun, ihr Herren, und wenn der Tag auf dem Kalender steht, an dem ihr sie zum erstenmal geküßt habt –? Nun?

Ihr feiert das. Was im ganzen Jahr künstlich oder zufällig zurückgedämmt war – es bricht – wenns eine richtige Liebe ist – elementar an solchem Tage hervor aus tiefen Quellen. Der Tag, dieser dumme Tag, der doch gleich allen anderen sein sollte, ist geheiligt und festlich und feierlich und freundlich – und ihr denkt und fühlt: sie – und nur sie. Nach dem Kalender …?

Nicht nach dem Kalender. Ihr tragt alle den Kalender in euch. Es ist ja nicht das Datum oder die bewußte Empfindung, heute müsse man nun … Es ist, wenn ihr überhaupt wißt, was ein Festtag ist, was Weihnachten ist: euer Herz.

Laßt uns einmal von dem Festtags-›Rummel‹ absehen, der in einer großen Stadt unvermeidlich ist. Laßt uns einmal daran denken, wie Weihnachten gefeiert werden kann, unter wenigen Menschen, die sich verstehen. Das ist kein Ansichtskarten-Weihnachten. Das ist nicht das Weihnachten des vierundzwanzigsten Dezembers allein – es ist das Weihnachten der Seele. Gibt es das –?

Es soll es geben. Und gibt es auch, wenn ihr nur wollt. Grüßt, ihr Herren, die Damen, küßt ihnen leise die Hand (bitte in meinem Auftrag) und sagt ihnen, man könne sogar seine Gefühle nach dem Kalender regeln: zum Geburtstag, zum Gedenktag – und zu Weihnachten.

Aber man muß welche haben.

Hanns Dieter Hüsch

Wen der Himmel retten will dem schenkt er die Liebe

Laotse

Ich setze auf die Liebe
Wenn Sturm mich in die Knie zwingt
Und Angst in meinen Schläfen buchstabiert
Ein dunkler Abend mir die Sinne trübt
Ein Freund im anderen Lager singt
Ein junger Mensch den Kopf verliert
Ein alter Mensch den Abschied übt

Das ist das Thema
Den Haß aus der Welt zu entfernen
Und wir bereit sind zu lernen
Daß Macht Gewalt Rache und Sieg
Nichts anderes bedeuten als ewiger Krieg
Auf Erden und dann auf den Sternen

Die einen sagen es läge am Geld
Die anderen sagen es wäre die Welt
Sie läg in den falschen Händen
Jeder weiß besser woran es liegt
Doch es hat noch niemand den Haß besiegt
Ohne ihn selbst zu beenden

Er kann mir sagen was er will
Und kann mir singen wie er's meint
Und mir erklären was er muß
Und mir begründen wie er's braucht
Ich setze auf die Liebe! Schluß.

Hermann Hesse

Zu Weihnachten

Im Leben des Durchschnittsmenschen unserer Zeit ist das Begehen der paar allgemein gefeierten hohen Festtage eigentlich das einzige Zugeständnis ans Ideale. Er begeht die Neujahrsfeier mit einem Kopfschütteln oder sentimentalen Seufzer über die Vergänglichkeit des Lebens, die schnelle Flucht der Zeit, er feiert Ostern und Pfingsten als Feste des Frühlings- und Neuwerdens, Allerseelen mit einem Gräberbesuch. Und Weihnacht feiert er, indem er sich einen oder ein paar Ruhetage gönnt, der Frau ein neues Kleid und den Kindern ein paar Spielsachen schenkt. Mancher hat auch eine vorübergehende, resignierte Freude am Jubel der Kleinen; er betrachtet den glänzenden Christbaum mit halb wehmütiger Erinnerung an die eigene Kinderzeit und denkt beim Anblick seiner beschenkten und fröhlichen Kinder: Ja, freut euch nur und genießt es, bald genug wird das Leben euch die Freude und Unschuld nehmen.

Er fragt nicht: Ja, warum denn eigentlich? Warum scheint es mir selbstverständlich, daß »das Leben« eine böse Macht ist, die aus dem Kinderlande in Schuld, Enttäuschung und ungeliebte Arbeit führt? Warum soll Freude und Unschuld diesem »Leben« notwendig zum Opfer fallen?

An dem Tage aber, wo er wirklich so fragt, hat er aufgehört, ein Durchschnittsmensch zu sein und hat den ersten Schritt zu einem neuen Leben getan. Und wenn er diesen Weg weiter geht, so wird ihm künftig jeder Tag seines Lebens wertvoller, inhaltreicher und bedeutender sein, als es ihm früher alle Festtage mit ihrem vergänglichen Schimmer und ihrem halbwahren bißchen Nachdenklichkeit gewesen sind. Er wird einsehen, daß es nicht »das Leben« war, das ihm Unschuld, Freude und Ideale genommen hat, und daß es unrecht und lächerlich war, das Leben dafür anzuklagen. Denn er war es selber, der sich betrog.

Denn es gibt keine »Notwendigkeit« und keinen »Zug der Zeit«, der den einzelnen nötigen könnte materielle Güter den geistigen, vergängliche den unvergänglichen vorzuziehen. Wer diese entscheidende Wahl getan hat, darf niemand als sich selbst dafür verantwortlich machen.

»Ach was«, entgegnet ihr, »unsere Zeit ist nun eben nicht ideal und wir können sie und uns nicht anders machen.«

Ja, das ist eben die alte Phrase, die einer dem anderen nachschwatzt und die jeder meint, glauben zu müssen. Unsere Zeit sei nicht ideal! Warum nicht? Weil der Gelderwerb auffallender, rücksichtsloser und geschmackloser betrieben wird als früher? Aber es ist die Frage, wie man später einmal unsere Zeit beurteilen wird. Ich glaube sehr, man wird nicht sagen: es war die Zeit, da die Kohlen teurer waren, die Zeit, da der Druckknopf und die Wellenbadschaukel erfunden wurden, die Zeit der letzten Postwagen und der ersten Elektrischen. Sondern ich glaube, weit eher wird man sagen: es war die Zeit vieler Dichter, die Zeit vieler und starker religiöser Bewegungen. Das alles, was euch heute als ein angenehmer Zeitvertreib und Luxus erscheint, ja, was viele von euch schlechthin Narrheit und Schwärmerei nennen, das wird überbleiben und existieren und Wert und Geltung haben, wenn euer ganzer bitterer, ernsthafter Krieg um den Geldsack längst, längst vergessen ist.

Kennt ihr nicht Weihnachten, das Fest der Liebe? das Fest der Freude? Anerkennt ihr die Liebe und die Freude also nicht als hohe Mächte, denen ihr besondere, heilige, vom Staat geschützte Festtage feiert? Aber wie sieht es denn bei uns mit der Liebe und mit der Freude aus? Um ein paar Tage oder höchstens Wochen im Jahr ein bißchen Freude zu haben, bringt ihr dreiviertel eures Lebens im Staub und Schweiß einer freudlosen Arbeit zu, die nicht adelt, sondern niederdrückt. Und wenn ihr dessen müde seid und ein Hunger nach Licht und Freude euch ergreift, so haben die allermeisten von euch sie nicht in sich selber zu holen, sondern müssen sie kaufen – im Theater, im Tingeltangel, in der Kneipe. Und wie steht es mit der Liebe? Der Mann, der zehn bis zwölf Stunden für den Gelderwerb, zwei bis vier für Kneipe oder anderes Vergnügen opfert, hat für Frau und Kinder, Brüder und Schwestern nur Augenblicke übrig.

Es ist ein merkwürdiges, doch einfaches Geheimnis der Lebensweisheit aller Zeiten, daß jede kleinste selbstlose Hingabe, jede Teilnahme, jede Liebe uns reicher macht, während jede Bemühung um Besitz und Macht uns Kräfte raubt und ärmer werden läßt. Das haben die Inder gewußt und gelehrt, und dann die weisen Griechen, und dann Jesus, dessen Fest wir jetzt feiern, und seither noch Tausende von Weisen und Dichtern, deren Werke die Zeiten überdauern, während Reiche und Könige ihrer Zeit verschollen und vergangen sind. Ihr mögt es mit Jesus halten oder mit Plato, mit Schiller oder mit Spinoza, überall ist das die letzte Weisheit, daß weder Macht noch Besitz noch Erkenntnis selig macht, sondern allein die Liebe. Jedes Selbstlossein, jeder Verzicht aus Liebe, jedes tätige Mitleid, jede Selbstentäußerung scheint ein Weggeben, ein Sichberauben, und ist doch ein Reicherwerden und Größerwerden, und ist doch der einzige Weg, der vorwärts und aufwärts führt. Es ist ein altes Lied und ich bin ein schlechter Sänger und Prediger, aber Wahrheiten veralten nicht und sind stets und überall wahr, ob sie nun in einer Wüste gepredigt, in einem Gedicht gesungen oder in einer Zeitung gedruckt werden.

Joachim Ringelnatz

Vorfreude auf Weihnachten

Ein Kind – von einem Schiefertafel-Schwämmchen
Umhüpft – rennt froh durch mein Gemüt.

Bald ist es Weihnacht! – Wenn der Christbaum blüht,
Dann blüht er Flämmchen.
Und Flämmchen heizen. Und die Wärme stimmt
Uns mild. – Es werden Lieder, Düfte fächeln. –

Wer nicht mehr Flämmchen hat, wem nur noch
  Fünkchen glimmt,
Wird dann doch gütig lächeln.

Wenn wir im Traume eines ewigen Traumes
Alle unfeindlich sind – einmal im Jahr! –
Uns alle Kinder fühlen eines Baumes.

Wie es sein soll, wie's allen einmal war.

Jean Paul

Drei fremde Kinder

Was mich gestern so sanft anklang wie das gewöhnliche Fest-Einläuten, waren drei fremde Kinder, die ich belog. Ich gesteh' es Rezensenten und Atheisten, ich befestigte die drei gläubigen Jünger, so sehr ich konnte, im erwiesenen Irrtum eines existierenden – Christkindleins: es fliege hoch und golden (macht' ich ihnen weis) über die Häuser und schaue herab auf gute und böse Taten der Kinder und belohne jene und bestrafe diese. Ich zeigte ihnen ohne Bedenken eine entfallne Pfauenfeder desselben (wie man in mittlern Zeiten des Erzengels Michael Federkiele wies), da es auf der umkreisenden Turmfahne die Schwingen ausdehnte und wieder zusammenschlug …

Es ist kindisch und pedantisch, aus Kindern freudige Irrtümer auszujäten, die nur Rosenabsenker und keinen Nesselnsamen tragen können. Jagt den Ruprecht fort, aber lasset das magische Christuskind mit grüngoldnem Gefieder zwischen den widerscheinenden Dezemberwolken ziehen; denn jener richtet sich einmal grimmig mit gezähnten Tatzen im Fieber auf, aber dieses fliegt einmal vergoldend und anlächelnd durch einen dunkeln Traum und durch die letzten Abendnebel auf dem Sterbebette und durchbricht mit hellen laufenden Goldpunkten den finstern Dunst. – –

Der hohe Glaube der Kinder an ein Menschenwort und also ihre Bereitwilligkeit, grobe Täuschungen gläubig aufzunehmen, ist so groß und so tätig als ihre – herumgreifende Aufmerksamkeit, die das gemalte blinde Tor der Täuschung trotz der Torsperre öffnen will; – und daher kömmt es, daß der Verfasser des Jubelseniors, als er noch Husar (ich meine, im Husarenpelz) war, nicht vermochte, aus allen gepackten

Körben und aus allen Zubereitungen zum Christgeschenk und aus allen Gerüchen des angemalten Spielzeugs und des heißen Backwerks und aus dem Augenschein selber (da er wirkliche Menschen bescheren sah) herauszubringen, daß niemand weiter die Hand in diesem glücklichen Spiele habe als eben Menschen: ich nahm wenigstens gleich einem *Theologen* an, das Christuskind greife, da ich die *unmittelbare* Einwirkung aufgehoben sah, zur *mittelbaren* und schenke durch fleischerne Erdenhände. Und dann als auch dieser bunte Nebel zu Wasser wurde: so gab ich keinen Groschen fürs ganze Geschenk. Ich erinner' mich noch wohl meiner damaligen erschlaffenden öden – Entzauberung: ... und so wird mein Geist und jeder Geist, auf den die unsichtbare Luftsäule des Lebens in unserer Erden-Tiefe herunterdrückt, ewig seine Arme und Flügel nach einem höhern Äther ausstrekken – ewig wird unser armes, in die Klausur der Brust, in den Block des schweren Erdenbluts, in die Laufbänder der Nerven gefesseltes dumpfes Herz sich sträubend und schwellend und oft brechend gegen das Element aufschließen, in dem es schlagen soll – denn die Unermeßlichkeit ist unser Ort, und die Ewigkeit ist unsere Zeit, und das Geschöpf ist nur der Vorläufer unsers geliebten Schöpfers. – –

Dylan Thomas

Weihnachtsgespräch

Kleiner Junge

Vor vielen, vielen, vielen Jahren, als du ein kleiner Junge warst –

Selbst

Als es noch Wölfe in Wales gab und Vögel so rot wie rote Flanellunterröcke an den harfenförmigen Hügeln vorbeizischten, als wir die ganze Nacht und den ganzen Tag lang sangen und schwelgten, in Höhlen, die rochen wie Sonntagnachmittage in feuchten Guten Stuben von Bauernhäusern, und als wir mit den Kinnbacken von Pfarrern auf die Engländer und auf die Bären Jagd machten –

Kleiner Junge

Du bist nicht so alt wie Mr. Beynon vom Zweiundzwanzigerhaus, der sich erinnern kann, wie es noch gar keine Autos gab. Vor vielen, vielen Jahren, als du noch ein Junge warst –

Selbst

Ach, ich weiß noch, wie es noch lang keine Autos gab, noch nicht einmal Räder, und auch noch keine Pferde mit Gesichtern wie Herzoginnen; wie wir noch sattellos auf den Rücken der dummen und glücklichen Hügel selber ritten –

KLEINER JUNGE

Du bist auch nicht so dumm wie Mrs. Griffiths oben in unserer Straße, die sagt, sie hält im Reservoir ihr Ohr unter Wasser und hört den Fischen zu, wie sie miteinander walisisch sprechen. Als du noch ein Junge warst, wie war denn damals Weihnachten?

SELBST

Es hat geschneit.

KLEINER JUNGE

Voriges Jahr hat es auch geschneit! Ich hab einen Schneemann gemacht, und mein Bruder hat ihn umgeschmissen, und ich hab meinen Bruder umgeschmissen, und dann haben wir unseren Tee getrunken.

SELBST

Aber das war nicht derselbe Schnee. Unser Schnee, der wurde nicht nur in weißen Tüncheeimern vom Himmel geschüttet, sondern ich glaube, er kam auch in flaumigen Umhangtüchern aus dem Boden heraus und schwamm und trieb aus den Armen und Händen und Körpern der Bäume hervor; Schnee wuchs über Nacht auf den Dächern der Häuser wie ganz reines Moos, ein Großvatermoos, und Schnee machte ein winziges Efeugerank um die Mauern und setzte sich auf den Briefträger, der die Gartenpforte öffnete, wie ein lautloses, gefühlloses Gewitter aus weißen, zerrissenen Weihnachtskarten.

KLEINER JUNGE

Hats denn damals auch schon Briefträger gegeben?

Selbst

Mit tröpfelnden Augen und kirschroten Windnasen knirschten sie auf gespreiteten erfrorenen Füßen den Hügel herauf zu unseren Haustüren und fäustlingten tapfer dran herum. Aber alles, was die Kinder hören konnten, war nur ein Glokkenläuten.

Kleiner Junge

Du meinst, daß der Briefträger an der Tür bum – bum – bum machte und daß die Türen läuteten?

Selbst

Die Glocken, die die Kinder hören konnten, waren in ihnen drinnen.

Kleiner Junge

Ich hör nur Donner, manchmal; Glocken nie.

Selbst

Und Kirchenglocken gabs auch.

Kleiner Junge

In ihnen drin?

Selbst

Nein, nein, nein, in den fledermausschwarzen, schneeweißen Glockentürmen, und Bischöfe und Störche zogen an ihren Glockensträngen. Und sie läuteten ihre Botschaft über die weißverbundene Stadt hin, über den gefrorenen Schaum der Hügel aus Zuckerstaub und Fruchteis, über das knisternde Meer. Es war, als bummerten alle Kirchen vor Freude unter meinem Fenster, und ihre Wetterhähne krähten Weihnachten auf unserem Zaun aus.

Kleiner Junge

Erzähl lieber weiter von den Briefträgern.

Selbst

Die waren ganz einfache, gewöhnliche Briefträger. Sie hatten eine Vorliebe für lange Wege und Hunde und Weihnachten und den Schnee. Sie klopften an die Türen mit blauen Fingerknöcheln –

Kleiner Junge

Unsere hat einen schwarzen Klopfer –

Selbst

Und dann standen sie auf der weißen Willkommen-Fußmatte unter dem kleinen schneedurchwehten Vordach und klatschten ihre Hände zusammen und keuchten und fauchten und machten Geister mit ihrem Hauch und traten von einem Fuß auf den anderen wie kleine Jungen, die mal hinausgehen wollen.

Kleiner Junge

Und dann die Geschenke?

Selbst

Und dann die Geschenke, nach dem Trinkgeld für den Briefträger, und der kalte Briefträger rutschte mit einer Rose auf seiner Knopfnase, kling-kling, die von den Teetabletts glattpolierte Schlittenbahn des frostglänzenden Hügels hinunter. Er ging in seinen eisumkrusteten Stiefeln wie ein Mann auf vereisten Marmorplatten des Fischhändlers; er wedelte mit seinem Sack wie mit einem gefrorenen Kamelhöcker, bog taumelnd auf einem Fuß um die Ecke – und, Gott helfe mir, weg war er!

Kleiner Junge
Erzähl lieber weiter von den Geschenken.

Selbst
Also, da gab es die nützlichen Geschenke: allesverschlingende Wolltücher aus der alten Kutschenzeit und Fäustlinge, die für Riesenfaultiere gestrickt waren; Zebraschals aus einem Stoff wie seidener Kaugummi, den man beim Kraftziehen so ausdehnen konnte, daß sie einem bis auf die Galoschen reichten; weite Wollmützen wie bunte Teewärmer, die einem über die Augen fielen, daß man blind war; und echte Bärenfellmützen mit ihren Kaninchenschwänzen und Balaklavamützen, gerade groß genug für die Opfer von Kopfjägern, die ein Verfahren haben, Köpfe ganz klein zusammenschrumpfen zu lassen. Dann gab es von Tanten, die immer ihre Wollsachen gleich auf der Haut trugen, wollene Unterwäsche mit Schnurrbärten und Pfeilen, so daß man sich wunderte, wieso diese Tanten überhaupt noch Haut hatten. Und einmal bekam ich auch einen kleinen gehäkelten Pferdefutterbeutel, von einer Tante, die leider nicht mehr unter uns wiehert. Und Bücher ohne Bilder, in denen kleine Jungen zwar mit vielen Zitaten gewarnt wurden, es ja nicht zu tun, aber dennoch auf Bauer Garges Teich eislaufen wollten und es auch wirklich taten und dabei ertranken; und Bücher, die mir alles über die Wespe mitteilten, bloß nicht, warum es sie gibt.

Kleiner Junge
Erzähl jetzt lieber von den unnützen Geschenken.

Selbst
Am Heiligen Abend hängte ich ans Fußende meines Bettes Bessie Bunters schwarzen Strumpf, und jedes Mal nahm ich mir vor, die ganze mondhelle, schneehelle Nacht wachzubleiben, um zu hören, wie die Rentiere auf unserem Dach

landen und der Stiefel mit seinem Weihnachtsgrün durch den Kaminruß herunterkommt. Aber bald wehte mir der Schneesand in die Augen, und obwohl ich den Kamin und das ganze flimmernde Zimmer anstarrte, wo der schwarze sackartige Strumpf hing, war ich doch eingeschlafen, bevor der Schornstein erzitterte und das Zimmer vor lauter Weihnachten rot und weiß wurde. Aber am Morgen, obwohl kein schmelzender Schnee aus dem Kamin auf dem Schlafzimmerboden lag, war doch der Strumpf gebläht und zum Überlaufen vollgestopft. Wenn du draufdrücktest, dann quiekte er wie eine Maus im Sack; er roch nach Mandarinen, ein kleiner, pelziger Arm hing oben drüber hinaus, wie der Arm eines Känguruhs aus seiner Mutter Bauchtasche. Wenn man den Strumpf in der Mitte hart drückte, dann schwabberte etwas; wenn man ihn noch einmal drückte, dann schwabberte es wieder. Und man konnte durch das frostbekritzelte Fenster hinaussehen auf die große Einsamkeit des kleinen Hügels. Eine Amsel saß dort still im Schnee.

KLEINER JUNGE

Hats denn nichts Süßes zum Essen gegeben?

SELBST

Natürlich gab es Süßigkeiten zum Essen. Die Schaumbonbons waren es ja, die im Strumpf geschwabbert hatten. Und dann gab es saure Bonbons, Sahnebonbons, weichen Zukkerhonigteig, Lakritzen, Seidenbonbons, Nußschokolade, Eisbonbons, Marzipan und walisische Schottenbonbons für die Waliser. Und Kolonnen von Zinnsoldaten, die, wenn sie auch nicht kämpfen wollten, doch immer davonlaufen konnten, und Wettrennspiele mit Fallen für die ganze Familie. Und *leichte Bastelspiele für kleine Ingenieure,* komplett mit Gebrauchsanweisung. Ja, wirklich leicht für einen Leonardo! Und eine Pfeife gabs, damit der Hund zu bellen beginnt, damit der alte

Mann nebenan aufwacht, damit er mit seinem Stock an die Wand klopft, damit unser Bild von der Wand fällt. Und eine Schachtel Zigaretten! Man steckt sich einfach eine in den Mund und stellt sich an die Straßenecke und wartet umsonst stundenlang, daß eine alte Dame einen ausschimpft, weil man eine Zigarette raucht; und dann grinst man und ißt sie auf. Und ganz zuletzt, in der Zehe ganz unten im Strumpf, ein Sixpence-Stück, wie ein silbernes Hühnerauge. Und dann hinunter zum Frühstück unter den Luftballons!

KLEINER JUNGE

Hat es auch Onkels gegeben wie bei uns im Haus?

SELBST

Zu Weihnachten gibt es immer Onkels. Dieselben Onkels! Und am Weihnachtsmorgen durchstöberte ich mit einer hundeaufstörenden Pfeife und mit Zuckerwerk die schneeumwickelte Stadt nach Neuigkeiten aus der kleinen Welt; und immer fand ich einen toten Vogel bei der weißen Bank oder bei den verlassenen Schaukeln. Vielleicht ein Rotkehlchen, und alle seine Feuer waren erloschen, bis auf eines, das immer noch auf seiner Brust brannte. Männer und Frauen wateten und pflügten und schaufelten aus Kirche und Kapelle zurück, mit Wirtshausnasen und windgeohrfeigten Wangen, lauter Albinos, die ihre steifen, schwarzen, kitzelnden Federn gegen den unreligiösen Schnee gesträubt hatten. Mistelzweige hingen von den Gaskandelabern in allen Guten Stuben, es gab teelöffelweise Sherry und Walnüsse und Flaschenbier und krachende Kekse; und Katzen in ihren Gehpelzen bewachten die Kaminfeuer, und die hochgetürmten Feuer knisterten und spuckten und warteten auf die Kastanien und auf die Rührlöffel für den Glühwein. Etliche behäbige Männer saßen in den Guten Stuben und hatten ihre Kragen abgenommen; das waren ganz sicher Onkels, die ihre neuen Zigarren ausprobierten, sie kritisch auf Armlänge von sich weghielten, wieder zum Mund zurückführten, husteten und sie dann wiederum von sich weghielten, als warteten sie auf die Explosion. Und einige wenige kleine Tanten, die in der Küche nicht erwünscht waren, übrigens auch sonst nirgends, saßen am äußersten Rand ihrer Stühle, saßen in Positur, spröde, voll Angst, zu zerbrechen, wie Tassen und Untertassen, denen die Farbe ausgegangen ist. Nicht viele Leute gingen an solchen Morgen durch die schneegepolsterten Straßen: aber immer ein alter Mann mit rehbraunem Melonenhut, gelben Handschuhen und um jene Jahreszeit mit Schneegamaschen; der machte seinen Gesundheitsspaziergang zur weißen Spielwiese hin und wieder zurück, bei jeder Witterung, vom Weihnachtstag bis zum Jüngsten Tag. Und manchmal gingen auch zwei frische, junge Männer mit großen brennenden Pfeifen, ohne Überrock, aber mit windgebauschtem Schal wortlos hinunter zur verlorenen See, um sich einen rechtschaffenen Appetit zu verschaffen, um den Rausch und die Weindünste loszuwerden, oder wer weiß, vielleicht auch, um in die Wellen hineinzugehen, bis nichts mehr von ihnen übrig sein würde als die zwei geringelten Rauchwolken ihrer unauslöschlichen Pfeifen.

KLEINER JUNGE

Warum bist du nicht nach Hause gegangen, zum Weihnachtsessen?

SELBST

Aber ich bin ja nach Hause gegangen. Ich bin immer nach Hause gegangen. Ich war grade auf dem Heimweg, Hals über Kopf; und der Bratengeruch von anderer Leute Weihnachtsessen, der Geflügelgeruch, der Geruch von Brandy, Pudding und Minze stiegen mir alle zusammen in die Nasenlöcher; da plötzlich, aus einer schneeverbackenen Seitengasse kam ein Junge daher, mir spuckähnlich, mit einer Zigarette mit rosa Mundstück und mit dem violetten Andenken an ein blaues Auge im Gesicht, frech wie ein Distelfink, still vor sich hin grinsend. Ich haßte ihn auf den ersten Blick und Ton, und gerade als ich meine Hundepfeife an die Lippen führen und ihn damit vom Antlitz der Weihnachten einfach wegblasen wollte, setzte plötzlich er mit einem violetten Augenzwinkern *seine* Pfeife an *seine* Lippen und pfiff so durchdringend, so gellend, so unerhört laut, daß Mampfgesichter mit Backen voller Weihnachtsgans sich an ihre flitterbehangenen Fenster preßten, die ganze weiße widerhallende Straße lang!

KLEINER JUNGE

Was hast du zum Weihnachtsessen bekommen?

SELBST

Truthahn und brennenden Pudding.

KLEINER JUNGE

Wars gut?

SELBST

Nicht von dieser Welt!

KLEINER JUNGE

Was hast du nach dem Essen gemacht?

SELBST

Die Onkels saßen vor dem Feuer, nahmen ihre Kragen ab, knöpften sich alle Knöpfe auf, falteten ihre großen, feuchten Hände über ihren Uhrketten, ächzten ein wenig und schliefen ein. Die Mütter, Tanten und Schwestern huschten hin und her, mit Terrinen in der Hand. Der Hund übergab sich.

Tantchen Beattie mußte drei Aspirin nehmen, aber Tantchen Hannah, die gern Port trank, stand mitten im verschneiten Hinterhof und sang wie eine Drossel mit schwellendem Busen. Ich blies gewöhnlich Ballons auf, um zu sehen, wie groß sie sich aufblasen ließen; und dann, wenn sie platzten, und sie platzten alle, dann zuckten die Onkels zusammen und grummelten. Am reichen, schweren Nachmittag, wenn die Onkels wie Delphine prusteten und der Schnee fiel, saß ich in der guten Stube unter Girlanden und chinesischen Lampions, naschte und nagte an Datteln, versuchte ein Modellkriegsschiff zusammenzubasteln, wobei ich mich an die *Anweisungen für kleine Ingenieure* hielt, und dabei kam etwas heraus, was man vielleicht für eine Straßenbahn halten konnte, die zur See fährt. Und dann, beim Weihnachtsnachmittagstee, hatten sich die Onkels erholt und waren fröhlich bei ihren Minzkuchen. Und die große Torte mit ihrem Zukkerguß erhob sich mitten auf dem Tisch wie ein Marmormausoleum. Tantchen Hannah versetzte ihren Tee mit Rum, weil es doch nur einmal im Jahr sei. Und dann, am Abend, gab es Musik. Ein Onkel spielte die Fiedel, ein Vetter sang *Cherry Ripe,* und ein anderer Onkel sang *Drake's Drum.* Es war sehr warm in dem kleinen Zimmer. Tantchen Hannah, die beim Rübenschnaps angelangt war, sang ein Lied von verschmähter Liebe und blutenden Herzen und Tod, und dann noch ein zweites Lied, in dem sie erklärte, daß ihr Herz wie ein Vogelnest sei, und dann lachten wieder alle, und dann ging ich zu Bett. Ich sah zu meinem Schlafzimmerfenster hinaus in den Mondschein und in den fliegenden, endlosen, rauchfarbigen Schnee, und ich konnte die Lichter in den Fenstern all der anderen Häuser auf unserem Hügel sehen und aus allen Häusern die Musik in die lange, gleichmäßig fallende Nacht aufsteigen hören. Ich drehte das Gaslicht niedrig, ich schlüpfte ins Bett. Ich sagte einige Worte zur engen, heiligen Finsternis, und dann schlief ich.

Kleiner Junge

Aber das hört sich alles an wie ganz gewöhnliches Weihnachten!

Selbst

Das wars auch.

Kleiner Junge

Weihnachten, als du ein kleiner Junge warst, war also gar nicht anders als Weihnachten jetzt?

Selbst

Doch, doch!

Kleiner Junge

Wieso war Weihnachten damals anders?

Selbst

Das darf ich dir nicht sagen.

Kleiner Junge

Warum darfst du es mir nicht sagen? Warum ist Weihnachten für mich anders?

Selbst

Das darf ich dir nicht sagen.

Kleiner Junge

Warum kann Weihnachten für mich nicht geradeso sein, wie es für dich war, als du noch ein Junge warst?

Selbst

Das darf ich dir nicht sagen ... Das darf ich dir nicht sagen, weil jetzt Weihnachten ist.

II

Weihnachtswonnen
oder
Ihr habt nichts zu verlieren als Eure Lichterketten

Eugen Roth

Vor Weihnachten

Oh süßer Weihnachtsvorgeschmack:
Mit einem neuen Bücherpack,
Der mich zu toller Neugier reizt,
Komm ich nachhaus und mache Licht.
Eisblume sich am Fenster spreizt.
Bald glüht und sprüht mit Knick und Knack
Der Ofen, tüchtig eingeheizt.
Nun her mit Pfeife und Tabak!
Wie lieblich mirs die Nase beizt …
Gar noch Kaffee? Nur nicht gegeizt:
So heimlich wars seit Jahren nicht!
Aufs alte Sofa ich mich flack
Und schmökre erst in Schnick und Schnack –
Doch bald versink ich im Gedicht,
Indes mit Jagdruf, Wind und Wicht
Die wilde Rauhnacht draußen weizt.

Paul Arène

Weihnachten bei uns in der Provence

Auch ich habe dieses Jahr Weihnachten gefeiert, aber ich muß zugeben, es war eher »Christmas« als »Noël«. Wir saßen im trauten Familienkreis beisammen und aßen Pudding (tatsächlich Pudding, der Herr möge uns verzeihen!); überall leuchtete einem brandneu der typisch englische Tischschmuck in buntem Durcheinander entgegen; auf jedem Kaminsims drängten sich Sträuße von Stechpalmen, deren dorniger Charme die hauchdünnen Porzellanvasen, in denen sie ruhten, zu zerkratzen schien; über allen Türen, an allen Leuchtern hingen Mistelzweige mit harten Blättern und durchsichtig-weißen, perlenähnlichen Früchten, und jedesmal, wenn ein Paar unter einem Mistelzweig hindurchging, durfte der Kavalier die Dame seines Herzens küssen – ursprünglich ebenfalls ein englischer Brauch, wie mir ein Experte erklärt hat.

Nun habe ich nichts dagegen, daß wir mit der Zeit gehen und den einen oder anderen galanten Brauch übernehmen, aber irgendwo in mir rebelliert ein Rest von Patriotismus gegen diese geballte Invasion fremdländischer Sitten. Ich finde, wenn wir heute danach trachten, unserem Leben wieder etwas Nostalgie und Romantik zu geben – und wir alle sehnen uns danach! –, dann sollten wir uns einfach mal daran erinnern, wie Weihnachten früher bei uns in den Provinzen gefeiert wurde. Auf dem Land gibt es immer noch ein paar wunderschöne Bräuche und Traditionen, die Herzenswärme ausstrahlen und die wir bewahren sollten, bevor sie endgültig dem Vergessen anheimfallen.

Daran mußte ich denken, als ich mich neulich zur Weihnachtszeit nach Mitternacht durch die Pariser Menschenmenge kämpfte, die sich in dunklen, engen Kirchenportalen und vor den hell erleuchteten, zum Bersten mit Ware gefüllten Geschäften drängte. Die späte Stunde machte mich melancholisch, und ich sehnte mich nach einem anderen Weihnachten – weit weg von Paris, draußen auf dem Land, so, wie ich es als Kind in der Provence erleben durfte.

Auf dem Dorf muß man kein Astrologe sein, um zu merken, daß die Adventszeit naht. Es gibt viele kleine Anzeichen, die darauf hindeuten. Da ist zum Beispiel die liebevoll zusammengestellte Futtermischung für das bereits gut genährte Hausschwein, das – fast wie die reiche Erbtante im teuren Altenheim – gegen Ende seiner Tage eine besondere Zuwendung erfährt. Da sind die Heerscharen von Truthennen, die, kaum ist der erste Schnee da, von irgendwoher kommen und die Märkte bevölkern. Jeder Haushalt kauft sich eine Pute und mästet sie nach eigenem Hausrezept mit Kleie, Nüssen und anderen Spezereien. Wenn sie mal wieder grundlos wütend ist, plustert die Truthenne sich auf; mit dem dicken Bauch, dem geräuschvoll entfalteten Rad und dem aufgeblasenen Kropf sieht die Pute dann so lustig aus, daß die Kinder sich vor Lachen kugeln.

Am Namenstag der heiligen Barbara, 21 Tage vor Weihnachten, nimmt man drei der schönsten Teller des Hauses und legt ein paar Weizenkörner in jeden. Man gießt die Körner sorgfältig und stellt sie vor den Ofen oder in den Kamin, damit sie keimen; daß sie so ohne Erde und ohne Sonne keimen können, schien mir als Kind immer ein Wunder. Diese Weizenkeime symbolisieren als Miniatur-Weizenfelder den Frühling und die Hoffnungen, die man sich für das bevorstehende neue Jahr macht.

Die Teller werden auf den Festtagstisch gestellt. Dort stehen auch die drei Kerzen, von denen man sagt, daß ihre Flamme, wenn sie nicht senkrecht brennt, auf diejenige Person deutet, die als nächste sterben muß. Auf der Tafel stehen ferner das selbstgemachte Nougat und der Weihnachtskuchen, der sorgfältig aufgeschnitten wird. Stets werden so viele Stücke für die Armen zurückgelegt, wie Personen am Tisch sitzen.

Der Weizen wächst und wächst. Anfangs ist er noch weiß, aber wenn er grün wird, wird es wieder Zeit, das Weihnachtsfest vorzubereiten.

Eines Morgens geht der Knecht in den Wald; wenn er zurückkommt, bringt er einen prächtigen, vom Bauern zuvor eigens ausgesuchten Holzklotz nach Hause. Der Weihnachtsklotz wird vom ältesten und vom jüngsten Familienmitglied in den Kamin gelegt, auf eine Schicht Ginster gebettet und – wohl ein Überbleibsel der antiken Trinkgelage – mit Wein übergossen und angezündet. Gespannt sieht die ganze Familie zu, wie der Holzklotz plötzlich Feuer fängt, wie das alkoholgetränkte Feuer ihn gleich einem majestätischen, rot funkelnden und funkensprühenden Mantel umhüllt. Alle singen dazu ein altes provenzalisches Weihnachtslied.

Jetzt kann Weihnachten kommen. Aber halt – eins hätten wir beinahe vergessen: die Krippe!

Das Herrichten der Krippe ist immer eine große Sache für die Kinder. Vielleicht nicht so sehr in der Stadt – da kauft man die Krippen schon fertig, mit allem Drum und Dran. So gibt es beispielsweise in Marseille einen ganzen Straßenzug, den Cours Belzunce, mit Buden, die anstelle von Spielzeug und anderen Geschenken nur Krippenzubehör verkaufen – Bodenplatten, Erde, Blätter, Mooskissen, Berge aus Pappmaché, Goldfolie zum Ausschneiden für die Sterne, blaue Pappe für den Himmel und große und kleine, gegossene, gedrechselte und geschnitzte Krippenfiguren, die bunt bemalt und lackiert sind.

Auf den Dörfern ist das ganz anders: Hier bewahrt jede Familie ihre Sammlung von handgemachten *Santons*, so heißen hier die Krippenfiguren, in einem Schrank oder auf dem Speicher auf. Es sind schlichte, naive Darstellungen der biblischen Figuren, die als Familienerbstücke teilweise über hundert Jahre alt sind und gelegentlich auch mal ausgebessert oder neu eingekleidet werden müssen. Sie bilden sozusagen die Basis der Krippe, aber für das Drumherum muß man sich schon immer wieder etwas einfallen lassen.

Man stelle sich vor, mit welcher Begeisterung die Kinder in den Wäldern ihrer Umgebung nach geeigneten Pflanzen, Steinen, Moosbüscheln, Nußschalen und Baumrinden suchen – so ähnlich, wie sie Leonardo da Vinci für den Hintergrund seiner Mona Lisa verwendet hat –, und wie sie damit Brücken und Wasserfälle, zerklüftete Berggipfel, tiefe Täler, Räuberhöhlen, Einsiedeleien, Bauernhöfe, Schlösser, Dörfer bauen – alles mit Mehl überpudert, um schließlich ein phantastisches, verschneites Palästina zu erhalten. Und mittendurch wandert und klettert eine ganze Gesellschaft von Bauern und Schäfern mit ihren Tieren und führt das Drama vom Zug nach Bethlehem auf, angefangen beim ungläubigen Hirten bis hin zur Anbetung des Jesuskindes, das frierend zwischen Ochs und Esel liegt.

Wie in einem Krippenspiel ist die Geburt Christi sozusagen nur der Anlaß. Das Interessante ist die Handlung, diese Odyssee voll komischer und tragischer Momente, voller Anspielungen und Pointen, die den Komödien eines Labiche und den Reiseberichten eines Jules Verne gleichermaßen Stoff bieten könnte.

Bis heute wird in der Provence als letztes der mittelalterlichen Mysterienspiele das Weihnachtsspiel aufgeführt, aber schrecklich verstümmelt: Leider gibt es ihn nicht mehr, den frechen Pistachié, der auf dem Esel daherritt und im kräftigsten Marseiller Dialekt die Honoratioren verspottete und die verrücktesten Abenteuer bestand. Ein Prälat, der wenig Sinn für kritischen Humor hatte, hat diesem französischen Harlekin, einer Erfindung des Volkes, gegen Ende der Ära Napoleons den Garaus gemacht. Er kam auch später, als Frankreich eine Republik war, nicht wieder, und Frankreich verlor mit ihm eine komische Figur, um die uns selbst Italien beneiden konnte.

Aber zurück zur Krippe, die noch nicht komplett ist. Die Heiligen Drei Könige werden erst in zwölf Tagen da sein. Ist es nicht bezeichnend, daß in diesen ganzen zwölf Tagen nach Christi Geburt der Legende nach kein einziger Vertreter der Geistlichkeit auftaucht? Im Jesuskind, das arm und nackt und frierend in einer Futterkrippe liegt, hat sich das Volk selbst Gestalt gegeben. Wie lange wird man es noch im Stich lassen? Die armen Hirten treten als erste auf den Plan. Sie tun, was sie können, aber es ist nicht viel. Also heißt es, auf die Ankunft der Heiligen Drei Könige zählen, die Vertreter der Macht, des Reichtums und der Weisheit. Ihnen zeigt ein guter Stern den Weg in den armseligen Stall. Werden sie genug Gold mitbringen, um die Armut der Menschen zu lindern? Seit tausend Jahren hofft die Menschheit darauf, aber das wahre, das richtige Weihnachten kommt nicht. Und so stehen der Ochse und der Esel noch immer da und versuchen, den Stall mit ihrem Atem anzuwärmen, aber was hilft's, wenn draußen der Wind pfeift und der Schnee durchs Dach rieselt?

h. c. artmann

WENN IM ÖFLEIN S FEUER KRACHT

wenn im öflein s feuer kracht,
winter durch das fenster lacht,
wenn die flocken lustig toben,
sollst den lieben werwolf loben.

fröhlich streunt er durch das feld,
fühlt den frieden dieser welt,
sträubt sein fellchen voller wonne,
frank und frei von aller sonne.

liebe kinder, nichts wie raus!
hurtig aus dem vaterhaus,
nehmt vom süßen weihnachtskuchen,
geht mit ihm den werwolf suchen.

Heinrich Hoffmann

Weihnachtslied

Auf den Feldern,
In den Wäldern
Manch ein Baum gar prangend steht,
Der von linden
Frühlingswinden
Wird mit Blüten übersät;

Der in Hülle
Und in Fülle
Goldne Frucht am Zweige trägt;
Wo in süßen
Wechselgrüßen
Nachtigall und Finke schlägt.

Aber saget,
Ob wohl raget
Je ein Baum so voller Pracht,
Wie der reiche,
Dessen Zweige
Strahlen in der heil'gen Nacht?

Und noch wahrer
Und noch klarer
Als die Lichtflut euch entzückt,
Glänzt auf's neue
All die treue
Liebe, die den Baum geschmückt.

Hanns Dieter Hüsch

Die Bescherung

»Daß mir keiner ins Schlafzimmer kommt«, alle Jahre wieder ertönt dieser obligatorische Imperativ, wenn es darum geht, am Heiligen Abend Pakete und Päckchen in geschmackvolles Weihnachtspapier zu schlagen, wenn es darum geht, den Rest der Familie in Schach zu halten, damit auch ja keiner einen voreiligen Blick auf die Geschenke werfen kann.

Ich dagegen habe es etwas einfacher: Ich schmücke den Baum! Punkt 17 Uhr begebe ich mich auf die Terrasse und hole den schönen Baum herein. Es ist wirklich ein schöner Baum, sagt die Frieda. Doch, doch, sage ich, der Baum ist schön. Dann kommt die kleine Frieda und sagt auch noch, daß der Baum schön ist. Nachdem wir alle noch ein paar mal um den schönen Baum herumgegangen sind, sagt die Frieda: Mein Gott, es ist ja schon halb sechs!

Und damit beginnt offiziell in allen Familien, die sich bei diesem Fest noch bürgerlicher Geheimnistuerei bedienen, der nervöse Teil der Bescherung.

Deshalb stecke ich mir vorbeugend zunächst mal eine Zigarre an, einmal im Jahr, und überlege in aller Ruhe, welche formalen Prinzipien ich diesmal zur Ausschmückung meines schönen Baumes anwende. Habe ich dann den Baum nach einigen Schnitzereien endlich mit dem Sägemesser glücklich in den Christbaumständer gezwängt, weiß ich auch schon, wie ich's mache:

Diesmal werde ich endlich dem Prinzip huldigen: Je schlichter, desto vornehmer. Zwei bis drei Kugeln, vier bis fünf Kerzen, hier und da einen Silberfaden, aus! Schluß. Ende. Schließlich ist das ja ein Baum und keine Hollywoodschaukel. Das soll natürlich nicht heißen, daß wir nicht genügend Kugeln und Kerzen, Lametta und Engelhaar, Glöckchen und Trompeten hätten. Im Gegenteil. Ich könnte damit drei Bäume, pardon, drei schöne Bäume schmücken. Und schon erhebt sich die Frage: Nur bunte Kugeln oder nur silberne Kugeln? Nur weiße Kerzen oder nur rote Kerzen? Engelhaar oder kein Engelhaar? Ja, was sollen meine intellektuellen Freunde denken, wenn die zu Besuch kommen und sehen dann meinen Misch-Masch aus Sentimentalität und Kunstgewerbe. Schockschwerenot!

In diese meine präzisen ästhetischen Überlegungen hinein platzt die Frieda mit dem Ruf: Wie weit bist zu? Um sechs Uhr ist Bescherung! Das schaffe ich nicht, rufe ich zurück, ich kann ja den Baum nicht übers Knie brechen. Wir haben zu Hause, sagt die Frieda, immer um sechs Uhr die Bescherung gehabt. Wir haben die Bescherung, sage ich, immer um halb acht gehabt. Wir haben sie um sechs gehabt, sagt die Frieda. Um sechs Uhr schon Bescherung, sage ich, warum dann nicht gleich schon um vier Uhr oder schon im Oktober, wir haben die Bescherung immer um halb acht gehabt, manche Leute haben ja die Bescherung erst am anderen Morgen. Und wann sollen wir essen, fragt die Frieda: Nach der Bescherung, sage ich. Also um neun Uhr, sagt die Frieda, bis dahin bin ich ja verhungert, wer hat übrigens das Marzipan, das hier auf der Truhe lag, gegessen? Ich nicht, ruft die kleine Frieda aus der Küche. Also, sagt die Frieda, also wenn du den Baum nicht in einer Viertelstunde fertig hast, dann könnt ihr euch eure ganze Bescherung sonstwo hinstecken.

Vielleicht fängt schon mal einer an zu singen, sage ich, desto leichter geht mir der Baum von der Hand. Und alle ästhetischen Überlegungen nun über den Haufen werfend, überschütte ich den schönen Baum mit allem, was wir haben, so daß man schließlich vor lauter Glanz und Gloria keinen Baum mehr sieht und die Frieda kommt wieder rein und sagt, nun hast du's ja doch wieder so gemacht, wie im vorigen Jahr, das nächste Mal schmücke ich den Baum. Ja, sage ich, wenn ihr mir keine Zeit laßt, kann natürlich kein Kunstwerk entstehen. Nun steh hier mal nicht im Weg, sagt die Frieda, und halte dumme Reden, geh jetzt hier mal raus, ich muß jetzt hier die Geschenke packen und aufbauen. Ja, wo soll ich denn hingehen, frage ich, darf ich vielleicht ins Wohnzimmer? Nein, ruft da meine Schwägerin, die inzwischen eingetrudelt ist, daß mir keiner ins Wohnzimmer kommt, ich bin noch nicht fertig. In die Küche darf ich auch nicht, da bastelt nämlich die kleine Frieda noch an diesen entzückenden Kringelschleifen für jedes Päckchen herum. Die Frieda kommt aus dem Christbaumzimmer und ruft: Augen zu!!! Ich halte mir die Augen zu und sage: Ins Bad nur über meine Leiche, da hab ich nämlich meine Geschenke versteckt. Und so geht das die ganze nächste halbe Stunde: Dreh dich mal um, guck nur nicht unter den Teppich, wer hat den Schlüssel vom Kleiderschrank, ich brauche noch geschmackvolles Weihnachtspapier, der Klebestreifen ist alle, willst du wohl von der Tür da weggehen, such lieber mal die Streichhölzer, meine Mutter hat das alles alleine gemacht, das ist gemein, du hast geguckt, die paar Minuten kannste wohl noch warten! Bis es dann endlich soweit ist, aber auch dann kommt keine Ordnung zustande, dann heißt es: Wer packt zuerst aus? Du! Nein, ich doch nicht, zuerst das Kind, dann du. Nein, du dann. Wieso ich? Also, dann du und dann ich. Ich zuletzt, bitte.

Nun werden Sie vielleicht mit Recht fragen, sagen Sie mal, wird denn bei Ihnen gar nicht gesungen, wird bei Ihnen nur eingepackt und ausgepackt. Doch, doch, natürlich, wir singen auch, erste Strophe und so, aber dann fällt's meistens auseinander, aber wissen Sie, beim Einpacken und Auspacken, da sind wir alle so nervös und verlegen, dabei merkt man die Liebe und den Frieden und den Menschen ein Wohlgefallen viel viel stärker als beim Singen.

Und auch der Baum, der kann dann sein, wie er will, groß oder klein, dürr oder dicht, bunt oder schlicht, alle sagen dann jedesmal: Also der Baum …, also der Baum …, der Baum ist wunderschön.

Hellmuth Krüger

Weihnachtslied

Das ganze Jahr zu singen

Der Förster Wilhelm Lebezahn,
Ein Hüne von Statur,
Haust fern von jeder Eisenbahn
Und auch von der Kultur.
Er hat zwei Dackel, eine Frau,
Elf Kinder hat er auch,
Und einen Vollbart, rot und grau,
Der wallt ihm übern Bauch.

Es wühlt in diesem Bart sein Weib
Voll legitimer Lust,
Flicht Zöpfchen draus zum Zeitvertreib
Als Troddeln vor der Brust.
Es wühlt darin die Kinderschar,
Spielt »Haschen« und »Versteck«.
Nachts glättet er das wirre Haar,
Daß es als Pfühl ihn deck'.

Doch wird des Bartes ganze Pracht
Erst recht ins Licht gerückt,
Wenn in der schönen Weihnachtsnacht
Der Förster ihn geschmückt.
Dann hängt er Nüß und Äpfel dran,
Vergoldet seinen Saum,
Bestreut ihn mit Lametta dann
Und spart den Weihnachtsbaum.

Joachim Ringelnatz

Einsiedlers heiliger Abend

Ich hab' in den Weihnachtstagen –
Ich weiß auch, warum –
Mir selbst einen Christbaum geschlagen,
Der ist ganz verkrüppelt und krumm.

Ich bohrte ein Loch in die Diele
Und steckte ihn da hinein
Und stellte rings um ihn viele
Flaschen Burgunderwein.

Und zierte, um Baumschmuck und Lichter
Zu sparen, ihn abends noch spät
Mit Löffeln, Gabeln und Trichter
Und anderem blanken Gerät.

Ich kochte zur heiligen Stunde
Mir Erbsensuppe mit Speck
Und gab meinem fröhlichen Hunde
Gulasch und litt seinen Dreck.

Und sang aus burgundernder Kehle
Das Pfannenflickerlied.
Und pries mit bewundernder Seele
Alles das, was ich mied.

Es glimmte petroleumbetrunken
Später der Lampendocht.
Ich saß in Gedanken versunken.
Da hat's an die Türe gepocht,

Und pochte wieder und wieder.
Es konnte das Christkind sein.
Und klang's nicht wie Weihnachtslieder?
Ich aber rief nicht: »Herein!«

Ich zog mich aus und ging leise
Zu Bett, ohne Angst, ohne Spott,
Und dankte auf krumme Weise
Lallend dem lieben Gott.

Franz Hessel

Baumschmuck

Vögel, die nicht singen,
Glöckchen, die nicht klingen,
Früchte, die nicht munden sollen,
Ketten, die nicht binden wollen,
gläserner Engel, pappener Stern,
zum Greifen nah und doch so fern.

Zittervögel

Sind wir Tauben? Sind wir Möwen? Leicht wohnen wir zu dritt auf einem Zweig. Wir nisten nicht, haben kein Nest. Wir sind auf Klammern montiert. Silbern glänzen unsre Flügel und unsre Schwänze sind aus fein gesponnenem Glas. Wir sind klein. Man sieht uns kaum. Nur wenn die Flamme der nächsten Kerze sich bewegt, schimmern wir auf, schimmern und zittern.

Eine ängstliche alte Jungfer hat Seele in unsre nickenden Köpfe und wippenden Federn geblasen. Hatte sie Furcht vor Einbrechern oder vor dem Liebsten, der noch immer nicht gekommen war? Hat sie uns Angst und Flucht verfolgter Mädchen aus märchenalter Zeit eingehaucht? Nun sind wir zu Glas erstarrt und sicher. Aber wir zittern noch. Wir zittern, also leben wir.

Goldfrüchte

Der Schein unserer gläsernen Schale fällt auf die leibhaften, saftigen Früchte in unserer Nähe. Davon werden auch sie gläsern und unnahbar, werden Äpfel der Hesperiden, unerreichbare Gebilde am Wunderbaum. Und erst wenn wir zum Jahresschlaf in unsere Wattebetten getan sind, erst wenn die Festtage ganz vorbei, kommen die Kinder und plündern die Eßfrüchte vom Baum. Wer früher zugreift, blinzelt schuldig in unsern Glanz. (...)

Engelhaar

Wenn unsere Ilse die blaßblonde Strähne da oben unterm Sterne sieht, denkt sie: Als ich sechzehn war, hatte ich Haar bis an die Hüfte. Ich weiß noch die Stellen, an denen ichs fühlte, wenns offen war. Nachts lags in zwei frommen Zöpfen über meine Schultern herab. Als es abgeschnitten war, hat die Mutter es mit einem rosa Bändchen gebunden und verwahrt, ich weiß nicht wo. Man sollte es in den Baum hängen als Weihgabe, da bleibt es engelhaft, bittet und büßt für mich, und ich habe einen Wunsch frei.

Heiliger Dreikönig

Ich bin von einer alten Weihnachtskrippe der Restbestand. Wohin sind Hirten und Könige meiner Zeit? Unterm Baum steht jetzt eine neue Krippe. Eine Freundin des Hauses, die Künstlerin ist, hat die himmlischen und irdischen Puppen modelliert. Sie sind ansehnlicher als wir es waren. Mich in meinem roten Mantel hat man auf einen vereinzelten Zweig gesetzt. Ich Gekrönter knie in Nadeln, die Hände aneinandergelegt. Und niemand weiß, wohin ich bete.

Trompete blasender Engel

Auch ich bin einzeln, aber ich schwebe. Meine Schmetterlingsflügel sind aus beweglichem Metall und gelb wie meine Trompete. Meine Lockenfrisur ist hochfein ausgeführt. Seiden ist mein Schurzrock. Sonst bin ich nackt. Ich blase Begleitung zu dem Lied, das drüben die drei kunstvoll versilberten Mitengel singen, die auf Wolkchen aus Streuglas schweben. Wir musizieren eifrig ein dürftigeres Hosiannah, das »Susanni, Susanni« lautet.

Pampeln

So heißen wir: Pampeln. Wir haben Gestalt und Pracht der flimmernden Schwungkeulen, die in den Händen von Jongleuren wie Fackeln schwingen. Wir möchten auch wie die im Varieté sausen und kreisen, Gaukler unserer Lieben Frau. Aber nur unsre Farben dürfen hier tanzen.

Pappschiffchen mit Watterauch

Ich bin am Baum das älteste Stück, aus Großmutters Zeiten her. Die ganz Kleinen haben mich gern, aber sie fassen mich nicht an. Darum halt ich so lange. Die Größeren wollen nicht viel von mir wissen. Sie werden mich wohl nächste Weihnachten durch ein Luftschiffchen oder ein kleines Torpedo ersetzen.

Reflexkugel

Rundum bin ich wie Reif und Eis, doch meine Mulde strömt heißes Licht. Allein es kann kein Strahl in mir verweilen. Vielfach schick ich ihn zurück in Kreisen und Spiralen. Zuinnerst hab ich einen Wasserspiegel. Mein Bild in deinem Auge ist wirklicher als ich.

Lametta

Wir sind im Winterbaum die Sommerfäden, fliegendes Jungfrauengarn, hangen geblieben in immergrünen Nadeln. Faß uns nicht an, sonst sind wir nur aus plattgedrücktem Draht gemacht. Gespinste wir der kleinsten Spinnen, vom Herbstwind fortgetragner heidnischer Altweibersommer, werden am Christbaum Marienfaden. Mit all dem nachbarlichen Knittersilber, Flittergold und Glimmerschnee schweben wir an dem Baume Wurzellos. Wir sind von paradiesischem Stoff und »aus solchem Zeug wie das zu Träumen«.

Anton G. Leitner

Rausch, Gold

Engel locken gelbe
Flocken leise rocken
Rote Kerzen tropfen
Herzen klopfen Töne
Von den Ohren
In die Nasen
Ziehen Stollen Gänse
Braten schmoren alle
Auf die Plätzchen
Fertig los!

Washington Irving

Gutes altes Weihnachten

Aber ist denn das alte, alte, gute alte Weihnachten verschwunden? Ist nichts als das Haar seines guten, grauen, alten Hauptes und Bartes geblieben? Wohlan, so will ich dies haben, da ich sehe, daß ich nicht mehr von ihm bekommen kann.

Zetergeschrei nach Weihnachten

(...) Schon in der Jahreszeit liegt etwas, was dem Weihnachtsfest einen besonderen Reiz verleiht. Zu anderen Zeiten verdanken wir ein gut Teil unserer Freuden der bloßen Schönheit der Natur. Unsere Gefühle schweifen hinaus und verstreuen sich über die sonnige Landschaft, und wir »leben draußen und überall«. Der Gesang des Vogels, das Murmeln des Baches, der liebliche Duft des Frühlings, die sanfte Wollust des Sommers, die goldene Pracht des Herbstes, die Erde in ihrem Gewand aus erfrischendem Grün und der Himmel mit seinem tiefen, köstlichen Blau und seiner Wolkenherrlichkeit – das alles erfüllt uns mit stummem, aber süßem Entzücken, und wir schwelgen im Reichtum der Gefühle. Doch mitten im Winter, wenn die Natur, aller Reize beraubt, daliegt und sich in ihr Bahrtuch von aufgehäuftem Schnee hüllt, wenden wir uns geistigen Quellen zu, um aus ihnen Vergnügen zu schöpfen. Während das Öde und Wüste der Landschaft und die kurzen, düsteren Tage und dunklen Nächte unsere Wanderungen beschränken, hemmen sie zugleich unseren Trieb umherzustreifen und sorgen dafür, daß wir die Vergnügungen eines geselligen Kreises um so mehr schätzen. Unsere Gedanken konzentrieren sich mehr; unser freundliches Mitgefühl wird stärker angeregt. Wir sind empfänglicher für den Reiz der Gesellschaft und werden dadurch, daß wir im Genuß aufeinander angewiesen sind, einander nähergebracht. Das Herz spricht zum Herzen, und wir schöpfen unsere Vergnügungen aus den tiefen Quellen lebendigen Wohlwollens, die in unserer Brust verborgen sind und die, wenn wir aus ihnen schöpfen, das reine Element häuslicher Glückseligkeit ausströmen.

Die undurchdringliche Dunkelheit draußen bewirkt, daß sich das Herz ausdehnt, wenn man in die Stube tritt, die ein abendliches Feuer erleuchtet und erwärmt. Der rötliche Feuerschein verbreitet künstlichen Sommer und Sonnenschein im Zimmer und erhellt jedes Gesicht zu einem freundlicheren Willkommen. Wo erweitert sich das ehrliche Gesicht der Gastfreundschaft zu einem gemütlicheren und herzlicheren Lächeln? wo ist der schüchterne Blick der Liebe süßer beredt als am winterlichen Kamin? und wenn der Wintersturm hohl durch den Saal pfeift, ferne Türen zuschlägt, um die Fensterflügel heult und im Schornstein rumort – was kann dann angenehmer sein als das Gefühl ruhiger und geschützter Sicherheit, mit dem wir im behaglichen Zimmer umher und auf das Bild häuslicher Fröhlichkeit schauen?

Die Engländer haben bei ihrer großen, in allen Gesellschaftsschichten verbreiteten Vorliebe für ländliche Gewohnheiten jene Fest- und Feiertage, welche die Stille des Landlebens angenehm unterbrechen, immer sehr geliebt, und sie haben in früheren Zeiten besonders genau die religiösen und gesellschaftlichen Weihnachtsbräuche gepflegt. Man liest mit Begeisterung selbst die trockenen Einzelheiten, die einige Historiker von den sonderbaren Einfällen, den burlesken Aufzügen und der völligen Hingabe an Heiterkeit und Geselligkeit berichtet haben, mit denen dieses Fest begangen wurde. Es schien alle Türen zu öffnen und alle Herzen zu erschließen. (…)

Eine der unangenehmsten Wirkungen der modernen Zivilisation ist die Verwüstung, die sie unter den innigen alten Festtagsbräuchen angerichtet hat. Sie hat die scharfen Umrisse und lebendigen Formen dieser Verschönerungen des Lebens ganz und gar verwischt und der Gesellschaft ein glatteres und feineres, aber gewiß weniger charakteristisches Aussehen verliehen. Manche der Weihnachtsspiele und Zeremonien sind gänzlich verschwunden und, wie der Sherry des alten Falstaff, zu Gegenständen der Erörterungen und des Streites unter den Kommentatoren geworden. Sie blühten in lebenslustigen, fröhlichen Zeiten, als die Menschen das Dasein noch derb, doch herzlich und kräftig auskosteten; in wilden, malerischen Zeiten, die der Dichtkunst ihren reichsten Stoff und dem Drama die reizvollste Mannigfaltigkeit von Charakteren und Sitten geliefert haben. Die Welt ist weltlicher geworden. Es gibt mehr Zerstreuung und weniger Genuß. Das Vergnügen hat sich zu einem breiteren, aber seichteren Strom ausgedehnt und viele der tiefen und ruhigen Kanäle verlassen, in denen es sanft durch den stillen Bereich häuslichen Lebens dahinfloß. Die Gesellschaft hat sich einen aufgeklärteren und feineren Ton angeeignet, doch viele ihrer ausgeprägten lokalen Eigentümlichkeiten, ihrer urwüchsigen Gefühle und ihrer ehrbaren häuslichen Freuden verloren. (…)

Wenn Weihnachten auch noch so sehr seine alten und festlichen Ehren eingebüßt hat, so ist es doch in England immer noch eine Zeit herrlicher Aufregungen. Es ist erfreulich, zu sehen, wie der Sinn für Häuslichkeit, der einen so mächtigen Platz im Herzen eines jeden Engländers zu behaupten scheint, wieder hellwach wird. Die Vorbereitungen, welche überall für die gesellige Tafel getroffen werden, die Freunde und Verwandte wieder vereinigen soll, die Geschenke an Leckerbissen, die abgeschickt werden und eintreffen, jene Zeichen der Achtung, die alle wohlwollenden Gefühle auffrischen, die immergrünen Sträucher, die an Häusern und

Kirchen als Sinnbilder des Friedens und Frohsinns angebracht werden – alles das hat die wohltuendste Wirkung auf die Entstehung angenehmer Gedankenverbindungen und wohlwollender Sympathien. Sogar das Lied der Weihnachtssänger, so roh ihr Gesang auch sein mag, wirkt auf die in der Winternacht Wachenden wie vollkommene Harmonie. Wenn ich in jener feierlichen Stunde, »wo tiefer Schlaf sich auf die Menschenkinder herabsenkt«, durch sie geweckt wurde, habe ich ihnen mit leisem Entzücken gelauscht, und wenn ich sie mit dem seligen, fröhlichen Anlaß verknüpfte, kam es mir fast so vor, als vernähme ich einen anderen himmlischen Chorgesang, welcher der Menschheit Frieden und Wohlgefallen verkündigte.

Günter Walter

DER NACHBARSTALL

I

Im Weihnachtstall zu Bethlehem
War erst mal nicht so viel zu sehn.
Obwohl schon fortgeschrittener Advent
Hat nur ein kleines Licht gebrennt.

Da waren Hirten in der Nacht,
Die haben etwas Licht gebracht.
Zuerst nur eins, dann zwei, dann drei,
Da war's schon ganz schön hell, juchhei.
Jetzt fehlt noch eines und zwar hier.
Lasst mal sehn, das sind schon vier.

Alle freuten sich am Licht,
Nur der weise Melchior nicht.
Denn der wollte davon mehr,
Wenn es irgend möglich wär.

Also gut, aus vier mach acht.
Halb so dunkel, einsam wacht
Unser Paar, der Demut voll –
Christkind lächelt, wie es soll.
Leider sieht man's nicht so recht,
Die Beleuchtung ist zu schlecht.
Mehr davon wär angebracht.
Also bitte, nochmal acht.

Da erscholl vom Himmel her
Eine altbekannte Mär:

Friede sei mit euch, ihr Lieben!
Hier, ich bring euch noch mal sieben.

II

Die einen meinten nun, es wär genug.
Jedoch die andern, die man frug,
Behaupteten im Nachbarstall
Sei Festbeleuchtung überall,
Und Engelschor von hint und vorn:
Es ist uns heut ein Kind gebor'n.
Geboren ist der Menschensohn.
Zum Aufpreis gibt es Halbpension.

Im Nachbarstall zu Bethlehem
Ist Weihnachten so angenehm,
Weil Ochs und Esel und das Kind
Mitsamt dem Rest aus Plastik sind.
Das beste aber, was die hätten,
Das seien ihre Lichterketten.
Der ganze Stall ist hell erleucht.
Ihr Schaf und Lämmer freuet euch.

Vorbei ist nun die Zeit der Not,
Denn alles ist im Angebot.
Vom Jesukind auf Krippenstroh
Zum Santaklaus, der Ho Ho Ho
Zwecks Stimmung in der stillen Nacht
In Englisch, Deutsch, Japanisch lacht,

Den Tannenbaum aus PVC
Mit feuerfestem Weihnachtsschnee
Bemaltes Blech aus Altmetall,
All das gibt es im Nachbarstall.

III

Jedoch im Orginal derweil
Klein Jesus denkt sich seinen Teil.
Keiner, denkt er, kommt, ich schwör's
Mir durch diese Nadelöhrs.
Niemand außer jene, welche
Esel, Ochs und Weihnachtselche
Aus gebranntem Kuhmist kneten
Und Adventgedichte beten,
Dann im Kreise ihrer Lieben
Plätzchen in den Ofen schieben.
Diesen und bestimmten Damen
Werde ich vergeben. Amen.

Schließlich möchte ich noch sagen,
Dass wir allen, die es wagen,
Lichterketten zu drapieren,
Um damit zu renommieren,
In den Hintern treten werden,
Damit Friede sei auf Erden.

Carl Zuckmayer

Wintervögel

Kommt der erste Schneesturm angeschnoben,
Hängt der Talgring schon am Giebel droben.
Sorgt euch nicht! In einem trocknen Eckchen
Baumelt prallgefüllt das Erdnußsäckchen.
Sonnenblumenkern mit Hanf und Lein
Werden reichlich vor dem Fenster sein.

Da der Kleiber taktstockmäßig klopft,
Läßt die Haubenmeise, spitzbeschopft,
Ihren wirschen Flötentriller los,
Und der Grünling kreischt tempestuos.
Weht ein Zirpen aus dem Schwarzgetann,
Welches nur ein Goldhähnchen sein kann.

Mit der Fastnachtsmaske vorm Gesicht,
Denkt die Blaumeise, man kennt sie nicht!
Stolz der Dompfaff wölbt den roten Bauch,
Und der Bergfink seinen bunten auch.
Glaubt man Blut auf falbem Flaum zu sehn,
Dürfte sichs um einen Hänfling drehn.

Ach was hat dies Rotkehlchen verführt,
Daß es nicht den Drang zum Wandern spürt!
Andre seinesgleichen schnalzen jetzt,
Wo der Kalif Storch den Schnabel wetzt.
Doch vielleicht auch ließ man sie bereits
Bruzzeln in der italien'schen Schweiz.

Dicke Amsel auf dem kahlen Ast,
Wo du jetzt noch deinen Schmer her hast?
Oder plusterst du dich nur aus Wut,
Wenn du siehst, was sich im Rinnstein tut?
Unbestritten hält dort seinen Platz,
Wie im Sommer, der gemeine Spatz.

Hundertmal das Hälschen ausgereckt,
Eh den Schnabel man ins Futter steckt!
Lautlos schleicht der Katzenfuß im Schnee,
Und der Stößer kreist in Wolkenhöh.
Viel zu viele gehen drauf alljährlich.
Paßt nur auf! Das Leben ist gefährlich …

Doch ihr wißt, daß man dem schwarzen Mann
Hinterm Fensterkreuz vertrauen kann.

III

Weihnachtswünsche
oder
Schenken will gelernt sein

Robert Gernhardt

Die Sache will's

Ach was, es geht mir nicht um mich,
im Vordergrund steht nicht mein Ich,
es geht mir um die Sache.
Die Sache ist: Ich fühl mich krank,
ich brauche einen Besenschrank
und 99 Besen.
Sowie 200 Liter Klops und
70 Kilometer Drops,
doch bitte handverlesen.
Auch hätt' ich gern die Kaiserkrone,
mit der will ich mich unten ohne
am Weihnachtstag dem Volke zeigen,
dazu soll'n 100 000 Geigen
das Lied vom treuen Piephahn spielen,
und alle soll'n gen Himmel schielen,
auf dem ganz groß geschrieben steht,
daß es mir wieder besser geht;
vorausgesetzt, ich krieg' das Zeug.
Aus diesem Grunde bitt' ich euch,
euch ordentlich ins Zeug zu legen.
Nicht wegen mir. Der Sache wegen.

Christine Nöstlinger

Weihnachtsgaben im Rückblick

Na, wie war es denn heuer mit den Geschenken, verehrte Leserin? Haben Ihre mehr oder weniger Lieben Ihre geheimen Wünsche getroffen? Oder hat man Sie durch oberflächliche Geschenkswahl tief getroffen?

Hat Ihnen Ihr Mann das Buch geschenkt, das er schon längst hatte lesen wollen? Oder hat er der Werbestimme vertraut, die wochenlang verkündet hat, daß ein Bügeleisen ein sehr »persönliches Geschenk« sein kann?

Und sind Sie sich schon klar, ob Sie es wagen dürfen, von Ihrer Schwiegermutter die Rechnung für den schweinsrosa Morgenmantel zu fordern, damit Sie ihn umtauschen können?

Und wie werden Sie es mit dem Maiglöckerlwasser halten, das eine ruchlose Verkäuferin Ihrem achtjährigen Sohn ins seidige Sternenpapier gewickelt hat?

Und wie verkraften Sie es, daß sich Ihre Tochter im Pullover, den Ihnen Ihr Mann geschenkt hat, pudelwohl fühlt? Wunder ist es ja keines. Der Pullover paßt schließlich ausgezeichnet zur karierten Hose Ihrer Tochter. Was die Tochter, dem Papa beim Einkauf behilflich, sicher bedacht hat.

Und wie, verehrte Leserin, haben Sie denn geschenkt? Ist Ihr Gewissen rein? Oder kommt Ihnen Ihr Ehemann in der himmelblauen Hausjacke nicht doch etwas verloren vor?

Fragen Sie sich, ob die Oma mit Absicht oder aus Altersvergeßlichkeit das »Super-Tiefkühlkost-Sägemesser« unbedingt unter dem Christbaum liegen ließ? Und wie steht's um die froschgrüne Tasche, von der ein Verkäufer sagte, sie sei der Traum aller jungen Mädchen? Wieso hat Ihre Tochter dann gestern die alte Handtasche genommen, als sie außer Haus eilte?

Oder stricken Sie etwa noch am Halsausschnitt vom Pulli, den Sie Ihrem Mann schenken wollten? Wenn dem so sein sollte, nehmen Sie es nicht tragisch. Jetzt, ohne Überraschungszwang, können Sie wenigstens ordentlich Maß nehmen.

In den vergangenen Jahren – Hand aufs Weihnachtsherz – war es doch ohnehin immer peinlich, wenn der arme Kerl freudig und im Scheine der Flackerkerzen das gute Stück anlegen wollte und den Kopf bloß bis zu den Ohren durchs Halsloch bohren konnte und Sie dann murmeln mußten: »Das trenn ich wieder auf!« Eben! Eine gewisse Zögerlichkeit bei der Geschenkeproduktion hat ihre Vorteile.

Wilhelm Busch

Niemals

Wonach du sehnlich ausgeschaut,
Es wurde dir beschieden.
Du triumphierst und jubelst laut:
Jetzt hab ich endlich Frieden!

Ach, Freundchen, rede nicht so wild.
Bezähme deine Zunge.
Ein jeder Wunsch, wenn er erfüllt,
Kriegt augenblicklich Junge.

Arthur Schopenhauer

Was wir nicht besitzen

Beim Anblick dessen, was wir nicht besitzen, steigt gar leicht in uns der Gedanke auf: »Wie, wenn das mein wäre?« und er macht uns die Entbehrung fühlbar. Statt dessen sollten wir öfter fragen: »Wie, wenn das *nicht* mein wäre?« ich meine, wir sollten das, was wir besitzen, bisweilen so anzusehn uns bemühen, wie es uns vorschweben würde, nachdem wir es verloren hätten; und zwar jedes, was es auch sei: Eigentum, Gesundheit, Freunde, Geliebte, Weib, Kind, Pferd und Hund: denn meistens belehrt erst der Verlust uns über den Wert der Dinge. Hingegen infolge der anempfohlenen Betrachtungsweise derselben wird erstlich ihr Besitz uns unmittelbar mehr, als zuvor, beglücken, und zweitens werden wir auf alle Weise dem Verlust vorbeugen, also das Eigentum nicht in Gefahr bringen, die Freunde nicht erzürnen, die Treue des Weibes nicht der Versuchung aussetzen, die Gesundheit der Kinder bewachen usf. –

Theodor Fontane

Gekommen ist der heil'ge Christ

(An Emilie 1859)

Gekommen ist der Heil'ge Christ
Die ganze Stadt voll Lichter ist;
Auch unsre sollen brennen.
Die Sorgen weg und zünde an,
Ich will derweil, so gut ich kann,
Dir meine Wünsche nennen.

Empfang zuerst ein Strumpfenband,
Das ich für dreißig Pfengk erstand
Bei Fonrobert im Laden.
Ich wünsche dir, geliebtes Weib,
Bald wieder einen dünnern Leib
Und etwas dick're Waden.

Empfang alsdann ein Kontobuch,
Fürs Credit ist es groß genug,
Fürs Debet etwas kleine.
Indes, es heißt ja: »rund die Welt«,
Der Beutel wird mal wieder Geld
Und hilft uns auf die Beine.

Und drum zuletzt den heißen Wunsch,
Daß unsres Schicksals dicker Flunsch
Bald hübsch'ren Zügen weiche,
Und daß ein bißchen Sonnenschein
Zieh wieder endlich bei uns ein
Und unser Herz beschleiche.

Johannes Trojan

Was soll ich meiner Tante schenken?

Ich sitze da in tiefem Denken
und sinne her und sinne hin –
»Was soll ich meiner Tante schenken?«
das geht mir immer durch den Sinn.

Was wünscht sie sich? Wär' ihr am Ende
erwünscht ein grüner Papagei?
ein Makartbild als Zier der Wände?
ein Gummibaum? ein Straußenei?

Wär' ihr gedient mit einer Brille?
mit einem Kopf des wilden Schweins?
Wünscht sie vielleicht sich in der Stille
ein Oxhoft alten Brannteweins?

Soll ich Schlittschuhe für sie wählen? –
Die Tante ist noch ziemlich flink! –
Wie? Oder ist mehr zu empfehlen
'was Plastisches, gemacht aus Zink?

Würd' ein Aquarium ihr gefallen?
Würd' sie ein Deckelglas erfreu'n?
Ach, unter diesen Dingen allen
scheint kein's das richt'ge mir zu sein.

Ich sitze da in tiefem Denken
und schaue sinnend in das Glas –
Ei was! Ich will ihr gar nichts schenken!
Vielleicht schenkt mir die Tante 'was.

Balthasar Gracián

Etwas zu wünschen übrig haben

Etwas zu wünschen übrig haben, um nicht vor lauter Glück unglücklich zu sein. Der Leib will atmen, und der Geist streben. Wer alles besäße, wäre über alles enttäuscht und mißvergnügt. Sogar dem Verstande muß etwas zu wissen übrig bleiben, was die Neugierde lockt und die Hoffnung belebt. Übersättigungen an Glück sind tödlich. Beim Belohnen ist es eine Geschicklichkeit, nie gänzlich zufrieden zu stellen. Ist nichts mehr zu wünschen, so ist alles zu fürchten. Unglückliches Glück! Wo der Wunsch aufhört, beginnt die Furcht.

Johann Wolfgang Goethe

Christgeschenk

Mein süßes Liebchen! Hier in Schachtelwänden
Gar mannigfalt geformte Süßigkeiten.
Die Früchte sind es heilger Weihnachtszeiten,
Gebackne nur, den Kindern auszuspenden!

Dir möcht ich dann mit süßem Redewenden
Poetisch Zuckerbrot zum Fest bereiten;
Allein was solls mit solchen Eitelkeiten?
Weg den Versuch, mit Schmeichelei zu blenden!

Doch gibt es noch ein Süßes, das vom Innern
Zum Innern spricht, genießbar in der Ferne,
Das kann nur bis zu dir hinüber wehen.

Und fühlst du dann ein freundliches Erinnern,
Als blinkten froh dir wohlbekannte Sterne,
Wirst du die kleinste Gabe nicht verschmähen.

Khalil Gibran

Vom Geben

Dann sagte ein Reicher: Sprich zu uns vom Geben.

Und er antwortete:

Ihr gebt nur wenig, wenn ihr von eurer Habe gebt.

Wahrhaft gebt ihr erst, wenn ihr von euch gebt.

Denn was ist eure Habe anderes als Dinge, die ihr aus Furcht, ihr könntet sie morgen benötigen, aufbewahrt und bewacht?

Und morgen – was wird das Morgen dem übervorsichtigen Hund schon bringen, der Knochen im weglosen Sand vergräbt, während er den Pilgern zur heiligen Stadt folgt?

Und was ist Furcht vor Not denn anderes als Not?

Ist nicht die Angst vor Durst, wenn euer Brunnen voll ist, erst der Durst, den nichts je löschen kann?

Menschen gibt's, die von dem Vielen, das sie haben, wenig geben – und es nur um der Anerkennung willen tun –, und ihr geheimer Wunsch macht ihre Gabe unbekömmlich.

Und Menschen gibt's, die wenig haben und es restlos hingeben.

Sie sind diejenigen, die an das Leben und des Lebens Fülle glauben, und ihre Truhe wird niemals leer.

Menschen gibt es, die voller Freude geben, und diese Freude ist ihr Lohn.

Und es gibt Menschen, die unter Schmerzen geben, und dieser Schmerz ist ihre Läuterung.

Und Menschen gibt's, die geben und nichts vom Schmerz des Gebens wissen noch nach Freude streben noch um der Tugend willen geben;

Sie geben so, wie die Myrte im Tal dort drüben atmend ihren Duft verbreitet.

Durch solcher Menschen Hand spricht Gott, und aus ihren Augen lächelt Er nieder auf die Welt.

Gut ist es, wenn gefragt, zu geben, besser aber, ungefragt zu geben, aus eigener Einsicht;

Und für den Freigebigen ist die Suche nach einem, der empfangen soll, eine größere Freude als das Geben.

Und gibt es etwas, das ihr für euch behalten könntet?

Was ihr auch habt, wird eines Tages hingegeben werden;

Gebt also jetzt, damit die Zeit des Gebens eure sei und nicht die eurer Erben.

Joachim Ringelnatz

Schenken

Schenke groß oder klein,
Aber immer gediegen.
Wenn die Bedachten
Die Gaben wiegen,
Sei dein Gewissen rein.

Schenke herzlich und frei.
Schenke dabei,
Was in dir wohnt
An Meinung, Geschmack und Humor,
So daß die eigene Freude zuvor
Dich reichlich belohnt.

Schenke mit Geist ohne List.
Sei eingedenk,
Daß dein Geschenk
Du selber bist.

O. Henry

Das Geschenk der Weisen

Ein Dollar und siebenundachtzig Cent. Das war alles. Und sechzig Cent davon bestanden aus Pennystücken. Pennies, die man zu jeweils ein oder zwei Stück dem Krämer, Gemüsehändler oder Metzger abgehandelt hatte, bis man mit schamroten Wangen den unausgesprochenen Vorwurf der Knauserigkeit spürte, den solches Feilschen mit sich brachte. Dreimal zählte Della das Geld nach. Ein Dollar und siebenundachtzig Cent. Und morgen war Weihnachten.

Da blieb allerdings nichts anderes übrig, als sich auf die schäbige kleine Couch zu werfen und zu heulen. Das tat Della denn auch. Was zu der philosophischen Betrachtung anreizt, daß das Leben aus Schluchzen, Seufzen und Lächeln besteht, wobei das Seufzen überwiegt.

Während die Verzweiflung der Hausfrau allmählich in das zweite Stadium abklingt, wollen wir uns das Heim betrachten. Eine möblierte Wohnung für acht Dollar die Woche. Nicht daß sie in ihrer Armseligkeit jeder Beschreibung spottete, aber weit entfernt davon war sie sicher nicht.

An der Eingangstüre unten befanden sich ein Briefkasten, in den niemals Briefe geworfen wurden, und ein elektrischer Klingelknopf, dem kein Sterblicher je einen Laut entlocken konnte. Dazu gehörte noch eine Karte mit dem Namen »Mr. James Dillingham Young«.

Das ausgeschriebene »Dillingham« hatte während einer früheren Periode des Wohlstandes vornehm wirken sollen, als der Besitzer des Namens noch dreißig Dollar in der Woche bekam. Doch jetzt, da das Einkommen auf zwanzig Dollar zusammengeschrumpft war, schienen die Buchstaben des Namens »Dillingham« so verschwommen, als gedächten sie ernsthaft, sich zu einem bescheidenen und anspruchslosen »D« zusammenzuziehen. Jedesmal aber, wenn Mr. James Dillingham Young nach Hause kam und seine Wohnung betrat, wurde er von Frau James Dillingham Young, Ihnen schon als Della bekannt, »Jim« gerufen und stürmisch umarmt. So weit, so gut.

Della hörte auf zu weinen und machte sich mit der Puderquaste über ihre Wangen her. Sie stand am Fenster und sah bedrückt einer grauen Katze zu, die im grauen Hinterhof einen grauen Zaun entlangschlich. Morgen war Weihnachten, und sie hatte nur einen Dollar und siebenundachtzig Cent, um Jim ein Geschenk zu kaufen. Seit Monaten hatte sie jeden Penny gespart, und das war der Erfolg. Mit zwanzig Dollar in der Woche kommt man nicht weit. Die Ausgaben waren größer gewesen, als sie gerechnet hatte. Sie sind es ja immer. Nur ein Dollar siebenundachtzig, um ein Geschenk für Jim zu kaufen. Für ihren Jim. Manch glückliche Stunde hatte sie damit verbracht, sich etwas Hübsches für ihn auszudenken. Etwas Schönes, Seltenes, Gediegenes – etwas, das beinahe der Ehre würdig gewesen wäre, Jim zum Besitzer zu haben.

Zwischen den Fenstern des Zimmers befand sich ein Pfeilerspiegel. Vielleicht haben Sie schon einmal einen Pfeilerspiegel in einer Achtdollarwohnung gesehen. Nur eine sehr schlanke und bewegliche Person kann, wenn sie ihr Spiegelbild in einer raschen Folge von Längsstreifen zu betrachten versteht, einen einigermaßen zuverlässigen Eindruck ihres Aussehens bekommen. Da Della schlank war, verstand sie sich darauf.

Plötzlich wandte sie sich vom Fenster ab und stellte sich vor den Spiegel. Ihre Augen glänzten hell, aber ihr Gesicht hatte innerhalb von zwanzig Sekunden jede Farbe verloren. Schnell löste sie ihr Haar und ließ es in seiner ganzen Länge herabfallen.

Nun gab es zwei Dinge im Besitz der Familie James

Dillingham Young, auf die beide mächtig stolz waren. Eines davon war Jims goldene Uhr, die schon seinem Vater und Großvater gehört hatte. Das andere war Dellas Haar. Hätte in der Wohnung jenseits des Lichtschachtes die Königin von Saba gewohnt, Della hätte ihr Haar eines Tages zum Trocknen aus dem Fenster gehängt, nur um die Juwelen und Geschenke Ihrer Majestät in den Schatten zu stellen. Und wäre König Salomon mit all seinen im Kellergeschoß aufgestapelten Schätzen der Pförtner des Hauses gewesen, Jim hätte jedesmal im Vorbeigehen seine Uhr gezückt, nur um ihn vor Neid seinen Bart raufen zu sehen.

Da fiel also Dellas schönes Haar wie ein brauner Wasserfall glänzend und sich kräuselnd an ihr herab. Es reichte ihr bis unter die Knie und umhüllte sie fast wie ein Kleid. Mit nervöser Hast steckte sie es wieder auf. Einen Augenblick noch zögerte sie, während eine oder zwei Tränen auf den abgetretenen roten Teppich fielen.

Dann schlüpfte sie in ihre alte braune Jacke und setzte ihren alten braunen Hut auf. Mit wehendem Rock und dem immer noch glänzenden Leuchten in den Augen huschte sie zur Tür hinaus, die Treppe hinunter, auf die Straße.

Sie blieb erst vor einem Schild stehen, auf dem zu lesen war: »Mme Sofronie, Haare aller Art«. Della rannte eine Treppe hoch und sammelte sich, nach Luft ringend. Madame, massig, zu weiß gepudert, sehr kühl, sah kaum so aus, als könne sie Sofronie heißen.

»Wollen Sie mein Haar kaufen?« fragte Della.

»Ich kaufe Haar«, sagte Madame. »Nehmen Sie Ihren Hut ab und zeigen Sie, wie es aussieht.«

Herunter rieselte der braune Wasserfall.

»Zwanzig Dollar«, sagte Madame und wog die Haarflut mit geübter Hand.

»Schnell, geben Sie mir das Geld«, sagte Della.

Oh, und die nächsten zwei Stunden tänzelten vorbei auf

rosigen Schwingen. (Entschuldigen Sie die verhunzte Metapher!) Sie durchstöberte die Läden nach einem Geschenk für Jim.

Endlich fand sie es. Sicher war es für Jim und keinen anderen gemacht. Nichts kam ihm gleich in all den anderen Läden, die sie durchwühlt hatte. Es war eine Uhrkette aus Platin, schlicht und edel in der Ausführung; ihr Wert war nur am Material und nicht an protzigem Zierat zu erkennen – was ja bei allen echten Dingen der Fall sein sollte. Diese Kette war es sogar wert, die Uhr aller Uhren zu tragen. Sobald Della sie sah, wußte sie, daß sie Jim gehören mußte. Sie war wie er. Vornehmheit und Wert – diese Bezeichnungen trafen auf beide zu. Einundzwanzig Dollar nahm man ihr dafür ab, und mit den siebenundachtzig Cent eilte sie nach Hause. Mit dieser Kette an seiner Uhr konnte Jim in jeder Gesellschaft, so eifrig er wollte, nach der Zeit sehen. Denn so prächtig die Uhr auch war, er schaute oft nur verstohlen darauf, weil sie, statt an einer Kette, an einem alten Lederriemen hing.

Als Della zu Hause ankam, wich ihr Freudenrausch ein wenig der Besinnung und Vernunft. Sie holte ihre Brennschere hervor, zündete das Gas an und machte sich daran, die Verwüstungen wiedergutzumachen, die Freude am Schenken und Liebe angerichtet hatten. Und das, liebe Freunde, ist immer eine ungeheure Aufgabe – eine Mammutaufgabe.

Nach vierzig Minuten war ihr Kopf mit winzigen, enganliegenden Löckchen bedeckt, die ihr ganz das Aussehen eines die Schule schwänzenden Lausbuben gaben. Sie besah sich lange, sorgfältig und kritisch im Spiegel. »Wenn Jim mich nicht umbringt«, sagte sie zu sich selbst, »bevor er mich eines zweiten Blickes würdigt, so wird er sagen, ich sehe aus wie ein Tanzgirl von Coney Island. Aber was konnte ich tun – oh, was konnte ich tun mit einem Dollar und siebenundachtzig Cent?«

Um sieben Uhr war der Kaffee fertig, und die heiße

Bratpfanne stand hinten auf dem Ofen, bereit, die Kotelettes aufzunehmen.

Jim kam nie zu spät. Della nahm die Uhrkette zusammengelegt in die Hand und setzte sich auf die Tischecke bei der Tür, durch die er immer hereinkam. Bald vernahm sie seinen Schritt weit unten auf den ersten Stufen, und für einen Augenblick wurde sie ganz weiß. Sie hatte die Gewohnheit, im stillen kleine Gebete für die einfachsten Alltagsdinge zu sprechen, und so flüsterte sie auch jetzt: »Lieber Gott, mach, daß er mich immer noch hübsch findet!«

Die Tür ging auf, Jim trat ein und machte sie hinter sich zu. Er sah schmal und ernst aus. Armer Kerl, erst zweiundzwanzig und schon mit einer Familie beladen! Er brauchte einen neuen Mantel und hatte keine Handschuhe.

Jim blieb an der Türe stehen, bewegungslos wie ein Setter, der eine Wachtel wittert. Seine Augen waren auf Della gerichtet und hatten einen Ausdruck, den sie nicht deuten konnte und der sie erschreckte. Es war weder Zorn noch Überraschung, weder Mißbilligung noch Entsetzen, überhaupt keines der Gefühle, auf die sie gefaßt war. Er starrte sie ganz einfach an, mit jenem sonderbaren Ausdruck auf seinem Gesicht.

Della rutschte vom Tisch herunter und ging auf ihn zu. »Jim, Liebster«, rief sie, »schau mich nicht so an. Ich ließ mein Haar abschneiden und verkaufte es, weil ich Weihnachten einfach nicht überstanden hätte, ohne dir etwas zu schenken. Es wird wieder nachwachsen – du bist nicht böse, nicht wahr? Ich mußte es einfach tun. Und meine Haare wachsen ja unheimlich schnell. Sag ›Fröhliche Weihnachten‹, Jim, und laß uns glücklich sein. Du weißt ja gar nicht, was für ein schönes – ja, wunderschönes Geschenk ich für dich habe.«

»Dein Haar hast du dir abgeschnitten?« fragte Jim mühsam, als hätte er trotz der härtesten geistigen Anstrengung diese offensichtliche Tatsache noch nicht erfaßt.

»Abgeschnitten und verkauft«, sagte Della. »Magst du

mich nicht trotzdem genauso gern? Ich bin doch auch ohne das Haar immer noch dieselbe, nicht wahr?« Jim schaute sich forschend im Zimmer um.

»Du sagst, dein Haar ist fort?« sagte er mit fast idiotischem Ausdruck.

»Du brauchst nicht danach zu suchen«, sagte Della. »Verkauft ist es, sag ich dir, verkauft und fort. Es ist Heiliger Abend, mein Junge. Sei lieb zu mir, ich habe es ja für dich getan. Es mag ja sein, daß die Haare auf meinem Kopf gezählt waren«, fuhr sie fort mit plötzlich ernsthafter Zärtlichkeit, »aber niemand könnte jemals meine Liebe zu dir zählen. Soll ich jetzt die Kotelettes aufsetzen, Jim?«

Nun schien Jim schnell aus seinem Trancezustand zu erwachen. Er schloß Della in die Arme. Wir wollen daher zehn Sekunden lang mit diskreter Genauigkeit einen belanglosen Gegenstand in entgegengesetzter Richtung betrachten. Acht Dollar in der Woche oder eine Million im Jahr – was ist der Unterschied? Ein Mathematiker oder ein geistreicher Kopf würde uns eine falsche Antwort geben. Die drei Weisen aus dem Morgenlande brachten kostbare Geschenke, aber jenes schönste Geschenk war nicht darunter. Diese dunkle Andeutung wird sich später aufklären.

Jim zog ein Päckchen aus seiner Manteltasche und warf es auf den Tisch.

»Täusche dich nicht in mir, Dell«, sagte er. »Ich glaube, kein Haarschneiden, Scheren oder Waschen könnte mich dazu bringen, mein Mädchen weniger zu lieben. Aber wenn du dieses Päckchen aufmachst, wirst du sehen, warum ich zuerst eine Weile außer Fassung war.«

Weiße Finger zogen behende an Schnur und Papier. Ein entzückter Freudenschrei; und dann – o weh – ein schneller echt weiblicher Umschwung zu jähen Tränen und Klagen, welche den Herrn des Hauses vor die augenblickliche Notwendigkeit stellten, mit ganzer Kraft Trost zu spenden.

Denn da lagen sie, die Kämme – die ganze Garnitur von Kämmen, seitlich und hinten einzustecken, die Della so lange schon in einem Schaufenster am Broadway bewundert hatte. Herrliche Kämme, aus echtem Schildpatt, mit juwelenverzierten Rändern – genau von der Farbe, die zu dem verschwundenen Haar gepaßt hätte. Es waren teure Kämme, das wußte sie, und ihr Herz hatte sie voller Sehnsucht begehrt, ohne im entferntesten zu hoffen, sie je zu besitzen. Und jetzt gehörten sie ihr, aber die Flechten, die diese heißersehnten Schmuckstücke hätten zieren sollen, waren fort.

Doch sie drückte sie ans Herz, und endlich konnte sie aus verweinten Augen aufblicken und lächelnd sagen: »Meine Haare wachsen ja so rasch, Jim.«

Und dann sprang Della wie eine kleine, angesengte Katze in die Höhe und rief: »Oh, oh!«

Jim hatte ja sein schönes Geschenk noch gar nicht gesehen. Sie hielt es ihm eifrig auf offener Hand entgegen. Das mattglänzende, kostbare Metall schien auf einmal aufzuleuchten und ihre innige Freude widerzuspiegeln.

»Ist sie nicht ein Prachtstück, Jim? Ich habe die ganze Stadt abgejagt, bis ich sie gefunden habe. Du mußt jetzt hundertmal am Tag nach der Zeit sehen. Gib mir deine Uhr. Ich möchte sehen, wie sie sich daran ausnimmt.«

Anstatt Folge zu leisten, ließ sich Jim auf die Couch fallen, faltete die Hände hinter dem Kopf und lächelte. »Dell«, sagte er, »wir wollen unsere Weihnachtsgeschenke wegpacken und eine Weile aufheben. Sie sind zu schön, als daß wir sie jetzt gleich benützen könnten. Ich habe die Uhr verkauft, um das Geld für deine Kämme zu bekommen. Und jetzt, glaube ich, wäre es Zeit, die Kotelettes aufs Feuer zu stellen.«

Die Heiligen Drei Könige waren, wie Sie wissen werden, weise Männer – wunderbar weise Männer –, die dem Kindlein in der Krippe Geschenke brachten. Sie erfanden die Kunst des weihnachtlichen Schenkens. In ihrer Weisheit wählten sie sicher Geschenke, die für den Fall, schon auf dem Gabentisch vertreten zu sein, umgetauscht werden konnten. Und da habe ich Ihnen nun mit unbeholfener Feder die recht ereignislose Geschichte von zwei närrischen Kindern in einer Wohnung erzählt, die einander, gar nicht sehr weise, ihre größten Schätze geopfert haben. Aber in meinem Schlußwort an die Weisen unserer Tage möchte ich sagen, daß von allen, die schenken, diese beiden am weisesten waren. Von allen, die schenken und beschenkt werden, sind ihresgleichen am weisesten. Das gilt für immer und überall. *Sie* sind die Könige.

Eugen Roth

Du bist schon lange nicht mehr Dein

Du bist schon lange nicht mehr Dein.
An tausend Dinge die Du liebst
An alle Lust und alle Pein
Bist Du schon lange weggeschenkt.

An jeden Freund der an Dich denkt,
An jede Frau der Du dich gibst.

Doch wenn die Nacht wie betend schweigt
Strömt Dir der schwere Reichtum zu
Daß sich Dein Haupt dem Glücke neigt
In Demut und in süßer Scham,

Weil alles schöner wiederkam:
Und Welt und Frau und Freund bist Du!

IV

Weihnachtswahn und Weihnachtswut

Moritz Gottlieb Saphir

Weihnachtabend

Es ist ein schöner, rührender, heiliger Abend!

Die Menschen begehen ein Fest der Liebe! Die Menschen gönnen sich heute gegenseitig Freude, sie überraschen sich mit Freude, mit Zärtlichkeit, mit Gaben der Liebe, der Freundschaft, der Innigkeit!

Der liebe Vater oben hat die ganze Welt dem Menschen gegeben zu einem einzigen, siebzigjährigen Weihnachtsfeste! Er hat ihnen das Leben reich besetzt, wie einen Weihnachtstisch. Er hat am Himmel angezündet den unendlichen Christbaum mit goldnen Lichtern, und von diesem flammenden Christbaum flattern herab alle Gnadenbänder des Lebens: Liebe, Glaube, Hoffnung! Er hat den Menschen beschert einen ganzen Tisch voll bunter Gaben: Abendröthen, Morgenröthen, Frühlinge, Nachtigallen, Dichtungen, Thränen, Liebe, Freundschaft, Religion, Kunst, Wohlthätigkeit und tausend andere Dinge, die uns beglücken können! Er hat den Menschen beschert eine große Herzschachtel voll eitel Spielzeug, voll güldenem Schnitzwerk, voll flatternden Wünschen, voll flackernden Träumen, voll gedrechselten Hoffnungen; kurz, der ewige Vater des großen Erden-Waisenhauses hat das ganze Menschenleben zu einem einzigen schönen, heiligen, rührenden Weihnachtsfeste machen wollen, zu einem einzigen Liebesfeste, zu einer einzigen lauen, lieblichen, magischen, wundersam gemüthlichen Dämmerstunde zwischen dem *Sonnenuntergange des diesseitigen*, und dem *Sonnenaufgange des jenseitigen* Lebens.

Der Mensch aber hat dieses einzige große Festgeschenk des Lebens, wie ein Kind, zerbrochen und abgetheilt in siebzig kleine, ausgemessene, vorherberechnete Festtage! – Er hat das Geschenk der unendlichen, ewigen, lebenslänglichen Liebe zerspaltet in kleine Theilchen, in siebzig Theilchen, und feiert alle Jahre *eine* kalte Decembernacht der Liebe, und findet sich ab mit den Nebenmenschen, mit den Freunden, mit den Kindern, mit allen Empfindungen, und vertröstet sie und sich und sein Herz und alle seine Gefühle auf diese einzige, kleine, abgemessene Liebesstunde!

Zwischen diesen siebzig buntangestrichenen, einzelnstehenden, auseinandergerissenen Wegweisern in das heilige Land der Liebe, in die verödeten Zwischenräume dieser siebzig Jubelminuten säet der Mensch das ganze Jahr die Nesselsaat des Hasses, die Stechäpfel der Lieblosigkeit, den Schierling des Neides und tausend andere Giftpflanzen, die das Glück des Nebenmenschen zerstören, aufreiben, vergiften. Dann, wenn er diesen Raum ausgefüllt hat mit Haß, Verfolgung, Lieblosigkeit, Stumpfheit, Zerstörung aller andern Freuden, Verhöhnung aller edlern Empfindung, dann, dann gelangt er alle Jahre einmal an den alten, herkömmlichen, seit Ewigkeit hervorgesteckten Pfahl und Wegweiser der Liebe, und hängt seine Laterne daran mit seinem Augenblickslicht, und streicht diesen einzelnen Wegweiser an mit Farben und bunterlei Zeug, und das nennt der Mensch: den *Weihnachtsabend feiern*!

Heinrich Heine

Das Spielzeug der vornehmen Welt

Paris, 11. Dezember 1841.

Jetzt, wo das Neujahr herannaht, der Tag der Geschenke, überbieten sich hier die Kaufmannsläden in den mannigfaltigsten Ausstellungen. Der Anblick derselben kann dem müßigen Flaneur den angenehmsten Zeitvertreib gewähren; ist sein Hirn nicht ganz leer, so steigen ihm auch manchmal Gedanken auf, wenn er hinter den blanken Spiegelfenstern die bunte Fülle der ausgestellten Luxus- und Kunstsachen betrachtet und vielleicht auch einen Blick wirft auf das Publikum, das dort neben ihm steht. Die Gesichter dieses Publikums sind so häßlich ernsthaft und leidend, so ungeduldig und drohend, daß sie einen unheimlichen Kontrast bilden mit den Gegenständen, die sie begaffen, und uns die Angst anwandelt, diese Menschen möchten einmal mit ihren geballten Fäusten plötzlich dreinschlagen, und all das bunte, klirrende Spielzeug der vornehmen Welt mitsamt dieser vornehmen Welt selbst gar jämmerlich zertrümmern!

Frank Wedekind

Fromme Wünsche

Die *Krämerseelen*, die gleich einem Alp
Des Volkes pochend Herz in Ängsten halten,
Andächtig kniend vor dem goldnen Kalb,
Erdrosselnd, was sich freudig will entfalten,
Gefeit wie Porphyr gegen das Geschoß
Des heil'gen Geists, und seine Siegesflammen
Erstickend mit dem Hunger als Genoß,
Sie möge Gott verfluchen und verdammen!

Die *feilen Streber*, die den Dirnen gleich
Dem Mächt'gen ihr Unsterbliches verschachern,
Vor Unterwürfigkeit und Demut bleich
Vor staatlich offiziellen Seligmachern
Und harte Drücker, wo ein schlichter Mann
Des freien Hirns Gedanken wagt zu denken,
Sie möge Gott, wenn es geschehen kann,
In des Vergessens Dunkel jäh versenken!

Die *schneid'gen Laffen*, die sich vollgesaugt
Auf bierbesoffnen Universitäten
Mit dummem Hochmut, welcher einzig taugt,
Um Freigebornen auf den Kopf zu treten,
Philisterseelen, niedre Torenbrut,
Das Biergesicht zerschunden auf Mensuren –
Lohn' ihnen Gott nicht ihr verspritztes Blut!
Er überlass' das füglich ihren … Weibern!

Die *strengen Herren*, denen Spiel und Lust
Es dünkt, im Menschenantlitz Qual zu schauen,
Als Richter werfen sie sich in die Brust,
Und ihre Kunst verbreitet Angst und Grauen;
Es kommt kein Kind so unschuldsvoll zur Welt,
Daß ihm nicht gleich ein Zuchthaus offen stände –
Mach', güt'ger Gott, der schweren Not ein Ende,
Die deiner Schöpfung Lebensgunst vergällt!

Die *eitlen Götzen*, die der großen Schar
Das wahre reine Tageslicht verdecken
Und denen die betörten Menschen gar
In abergläubischer Furcht die Füße lecken,
Sie sollen fallen! Kommen soll einmal
Ein lebend starker Gott in Sturm und Wettern
Und soll der Menschheit angestammte Qual
Mit diesen Götzen in den Staub zerschmettern.

Helmut Qualtinger

Travniceks Weihnachts-Einkäufe

Freund Was, Travnicek, denken Sie, wenn Sie Weihnachts-Einkäufe machen?

Travnicek Ich denk, was das kostet. Wann i die Sachen im Frühjahrsverkauf besorgt hätt, wär's dasselbe g'wesen, aber um die Hälfte billiger.

Freund Aber Travnicek, im Frühjahr können S' doch nicht wissen, was Ihre Leut sich zu Weihnachten wünschen.

Travnicek Des weiß i jetzt a net.

Freund Na, für wen haben S' denn alles eingekauft?

Travnicek Was is das für a Frage? I geh in a Geschäft eini, schnapp, was i kriegen kann, und schau, daß i mit mein' Wagen weiterkomm, bevor sie mich aufschreiben.

Freund Na und?

Travnicek Zu Haus pack i's aus, denk nach, wem i's anhängen kann –.

Freund Was, Travnicek, grübeln Sie?

Travnicek Ich denk nach, ob ich mehr Pakete oder mehr Verwandte hab.

Freund Sie sind prosaisch, Travnicek. Man schenkt doch, um den Leuten eine Freude zu machen. Macht es Ihnen keine Freude, wenn Sie was geschenkt kriegen?

Travnicek Schaun Se, schaun Se, voriges Jahr zu Weihnachten schenk i mein' Onkel a Krawatten, die mir gefallt. Er schenkt mir a Krawatten, die ihm gefallt. Also, was soll i mit der Krawatten? Wann i a Glück hab, kann i mi dran aufhängen.

Freund Sie haben, Travnicek, keine Poesie. Denken Sie doch an Ihre Kindheit. Was pflegten Sie zu Weihnachten zu kriegen?

TRAVNICEK Watschen.

FREUND Wie das, Travnicek?

TRAVNICEK Ich pflegte den Baum anzuzünden.

FREUND Absichtlich?

TRAVNICEK Nein, es hat sich so ergeben.

FREUND Na, glücklicherweise gibt es aber noch Leut, die sich ihr kindliches Gemüt bewahrt haben, die was noch ans Christkindel glauben.

TRAVNICEK Ja, die Geschäftsleut.

FREUND Nicht nur die. Schaun S' mi an. I zum Beispiel. I zieh mir zu Weihnachten immer einen Pelz und einen Bart an.

TRAVNICEK Da werd'n S' gut ausschaun.

FREUND Und ich bring den Kindern Geschenke. Gehen S' auch als Weihnachtsmann, Travnicek?

TRAVNICEK Ja, zu meiner Schwester.

FREUND Haben Sie da auch einen Bart und einen Pelz.

TRAVNICEK Na.

FREUND Warum nicht?

TRAVNICEK Wann i kommen bin, da hab'n die Kinder immer gesagt: »Der Onkel Travnicek.« Hab i mir denkt, gehst amal in Zivil, ohne Bart.

FREUND Aber das ist doch keine Überraschung.

TRAVNICEK Wieso, die Kinder waren sehr überrascht, sie haben nicht mehr gesagt, der Onkel Travnicek kommt als Weihnachtsmann, sie haben gesagt, der Weihnachtsmann kommt als Onkel Travnicek.

FREUND Kinder haben eben Phantasie. Das kommt von die vielen Märchen, wo s' lesen. Wissen Sie, Travnicek, ich les auch noch Märchen. Haben S' jemals Märchen g'lesen?

TRAVNICEK Natürlich, natürlich, warum denn net, hör'n S'. Da hab i g'lesen: Der Ratenschwindler von Hameln, Die Prinzessin auf der Erbsensuppe und des Schneewittchen und die fünf Zwerge.

Freund Wieso fünf, es sein doch siebene.

Travnicek Ja, zwa hab i vergessen.

Freund Na, und Aschenbrödel?

Travnicek Lass'n S' mi aus mit der Dienstbotenfrage.

Freund Dornröschen?

Travnicek Dornröschen. Hör'n S', mich hat neulich einer aufgeweckt.

Freund Mit an Kuß?

Travnicek Na, mit an Moped, was glauben S', was i dem erzählt hab.

Freund Sie san prosaisch, Travnicek. Hänsel und Gretel?

Travnicek Das mit dem Lebkuchenhaus ist ganz und gar unpädagogisch. Die Kinder verderb'n sich den Magen, kriegen a Gastritis, wer'n bösartig. Nachher schmeißen s' die Alte ins Feuer – Halbstarkenproblem.

Freund Travnicek, streiten wir nicht! Für mich ist zu Weihnachten die ganze Stadt ein Märchen. Überall auf den Geschäftsstraßen blitzt es und flimmert es. Kranzeln, Girlanden und Sterndeln. Wenn Sie's so funkeln und leuchten sehn, Travnicek, was wünschen Sie sich?

Travnicek An Kurzschluß.

Freund Sehn S' und mi freut's, das ist eben der Unterschied zwischen uns beiden. Der schönste Brauch für mich aber, Travnicek, ist eine Spezialität, die was nur Österreich hat.

Travnicek Was hat nur Österreich?

Freund Die Stempel.

Travnicek Was für Stempel?

Freund Na, die Poststempel auf den Briefen. Ist des net schön? Das ist für mich der sinnigste Brauch in der ganzen Weihnachtszeit.

Travnicek Des ist kein sinniger Brauch, des ist a Zufall.

Freund Was ist a Zufall?

Travnicek Daß der Ort so heißt, der Ort in Oberösterreich.

Wann i Christkindel haßen möcht, könnt i zu Weihnachten auch Briefe abstempeln.

FREUND Sie können auf jeden Fall zu Weihnachten Briefe abstempeln.

TRAVNICEK Ja, was hab i davon, wann i zu Weihnachten Briefe abstempel, nachher steht Travnicek drauf, glauben S', da kommt jemand in Weihnachtsstimmung?

Norbert C. Kaser

Weihnachtsmann, ade!

So! Der »Goldene Sonntag« wäre überstanden. Eingeläutet wurde er da in Bruneck schon am 3. Dezember, der war für Eltern und Kinder ein erfreulicher Tag und im Brunecker Hauskalender anzukreuzen. Die Kaufleute haben sich wieder angebiedert und den Weihnachtsmann auf einem Pferdeschlitten durch die Stadt rollen lassen. Recht romantisch wiedereinmal ein Roß in der Stadt zu sehen, richtig heimelig. An den Schlitten, worinnen der rote bärtige Weihnachtsmann selig lächelnd saß, waren mangels Schnee drei Gummireifen montiert, was sehr reizvoll war. Umschwärmt und begehrt war das Gefährt jedenfalls. Aus den Erkern einzelner stolzer Bürgerhäuser bliesen Stadtmusikanten lammfromm andächtige Weisen, was wohl kauffreudig machen soll?! Und dann kam zu abendlicher Stunde eben die Bescherung. Die Verpackung war mehr wert als der Inhalt. Eine wirkliche Bescherung. Das ist heutzutage bei manchen Produkten üblich, aber in dem roten Säckchen zwei abgestaubte »Pappelen« und zwei »Zuggerlen« vorzufinden, das ist mager und schändlich. Was wäre schon dabeigewesen, wenn in Glückstopfmanier in einigen Säckchen ein kleiner Gutschein gewesen wäre, etwa für ein Taschentuch, eine Glühbirne, eine Kaffeetasse, einen Schraubenzieher? Der Lackner selig, der mit seinem Leiterwagen jeden Tag von Bruneck nach Uttenheim fuhr, hatte die Taschen voller Zuggerlen, eine Geißel und einen alten Muli, und auf alle Fälle mehr Herz, mehr Phantasie als die Kaufleute der protzigen »Michael-Pacher-Stadt«.

Heinz Kahlau

Wetterfrosch-Lobby

Wir füttern dein Konto
zur Rettung der Malediven,
das können wir
von der Steuer absetzen, aber:

Wir haben unsere iranischen Senfgasgewinne
zu vierzig Prozent in eine revolutionäre
Christbaumständererfindung
investiert.

Wenn du vor dem Nikolaustag
durchsickern lässt,
dass am Heiligen Abend
die Kirschbäume blühen könnten,
schneiden wir dir
deine Eier ab.

Matthias Beltz

Weihnachtsfeiern

Weihnachten ist ein Jahresendfeierprojekt. Und der Mensch unterscheidet sich vom schmackhaften Tier dadurch, daß er Weihnachtsfeiern überlebt. Meistens.

Kraft meines Berufes muß ich mich mit Weihnachtsfeiern beschäftigen. Ich diene durch meine Arbeit der Unterhaltung, bin also Dienstleistender und darum der Wirklichkeit nahe. So erreichte meine Agentin eine Anfrage, ob ich für eine Betriebsfeier aus Anlaß der Geburt des Erlösers den Schalk machen könne. Es handelt sich um ein mittelständisches Unternehmen einer materialverarbeitenden Industrie. Nähere Angaben muß ich aus beruflicher Schweigepflicht verweigern. Unabhängig von den Gagenverhandlungen – und bei Auftritten auf betrieblichen Weihnachtsfesten handelt es sich gar nicht einmal um eine Gage, sondern immer um Schmerzensgeld, das nie Schmerz und Weh kompensieren kann, die einem Künstler dort zugefügt werden –, unabhängig von den Finanzen also, sprach ich mit dem für die Performance Verantwortlichen. Da an diesem Abend einigen Mitarbeitern und Mitarbeiterinnen, insbesondere von der Außenstelle M., unangenehme Nachrichten zu überbringen seien (»Ich komme draußen von der Marktwirtschaft her, und ich muß euch sagen, es wird entlassen dort sehr«), sei es vielleicht angebracht, auf verschärfte Satire, die zuweilen Mißstimmung zur Folge haben könne, zu verzichten. Ob ich nicht das Weihnachtsevangelium nach Lukas vorlesen möchte.

Nun ist das Weihnachtsevangelium von Lukas ein schöner Text. Ob diese Geschichte allerdings dadurch gewinnt, daß sie einem Publikum dargeboten wird, das Spaß und gute

Laune erwartet, möchte ich bezweifeln. Sicher aber glaube ich, daß Menschen, denen man eine schlechte Nachricht überbringt, wie etwa die Kündigung aus betrieblichen Gründen, nicht durch die frohe Botschaft von der Geburt des Erlösers beruhigt oder abgelenkt werden. Mein potentieller Vertragspartner hat hier wohl das betriebliche Weihnachtsfest mit einer friedenstiftenden Maßnahme verwechselt, die einen Arbeitskampf zu verhindern geeignet sein könnte. Dazu kann ich mich naturgemäß nicht hergeben, wenn ich auch einen nahezu perversen Hang zur beobachtenden Teilnahme an solchen – eigentlich doch vorweihnachtlichen – Veranstaltungen habe.

Doch plötzlich beunruhigt mich die Frage, ob meine ablehnende Haltung vielleicht nur Ergebnis scheinhafter und somit vorgeschobener Moral ist. Arbeitete ich nicht schon tatsächlich auf betrieblichen Weihnachtsfeiern? Ja, und zwar tat ich dies stets ohne Skrupel.

Mit einer Zivilabteilung eines Amtsgerichts habe ich schon mal an einem Nachmittag, während die Dämmerung über die Stadt fiel, ein Weihnachtslied gesungen, wozu ein Trompeter spielte. Das kann kein Verstoß gegen das Berufsethos der Kabarettkunst sein, zumal die Stimmung bei diesen Menschen aus dem weiten Feld der Justiz gesammelter und fröhlicher war als bei einem evangelischen Weihnachtsgottesdienst, den ich vor wenigen Jahren besuchte. Hier beschwerte sich der protestantische Pfarrer über die Kälte der Menschen untereinander und über den Konsumterror, statt die Frohe Botschaft zu verkunden. Schlechte Laune aber kann nicht der Sinn des Evangeliums sein, also wende ich mich wieder betrieblichen Weihnachtsfesten zu. Und warum, zum Teufel, sollen sie nicht dem Betriebsfrieden dienen, wenn Weihnachten schon das Fest des Friedens ist? In einem großen metallverarbeitenden Unternehmen in Hessen gab es im Dezember immer die letzte Betriebsversammlung im Jahr. Sie begann mit der Spätschicht, was bedeutete, daß die Arbeit im Werk ruhte, einige die Versammlung besuchten, die meisten Kollegen und Kolleginnen aber in den Abteilungen gemeinsam aßen und tranken. Trotz eigenen verschärften gewerkschaftlichen Engagements beteiligte ich mich auch lieber an diesen fast ausschweifenden Abteilungsorgien, statt meiner syndikalistischen Pflicht nachzugehen. Der Klassenkampf stellt eben seine Scharmützel ein, und es menschelt selbst an brutalen Orten entfremdeter und ausbeuterischer Arbeit. Wenn ich aber nicht für das neue Jahr schon Befreiung und Gerechtigkeit garantieren kann, habe ich kein Recht, den Arbeitern und Arbeiterinnen ihre Weihnachtsfeier zu versauen. Im Gegenteil, ich habe mir gegenüber die Pflicht, im Verbund mit den Kollegen Lebensbejahung zu empfinden. Und es hat auch immer vorzüglich geklappt.

Auch als Voyeur bin ich tatsächlich ein Fan von Weihnachtsfeiern. Ab November kann man sich zuweilen in Gaststätten und Restaurants unauffällig einschleichen, die eigentlich für eine geschlossene Feier reserviert sind. An der Theke hat man sodann die schönste Aussicht auf das immer munterer werdende Treiben von Menschen, denen die Frohe Botschaft im Lauf des Abends in sämtliche Glieder zu fahren scheint. Steht das Christfest unter dem Eindruck, daß Maria empfangen hat, ohne zu sündigen, so gilt das Gegenteil für Weihnachtsfeste: Hier soll gesündigt werden, ohne daß es zur Empfängnis kommt.

Ich erinnere mich an eine solche kleine Party, es muß vor zwei oder drei Jahren gewesen sein in einer der kleinen feinen Kneipen in meiner Nachbarschaft. Früh hatte ich an der Theke Platz genommen und wartete darauf, daß der Vorhang aufging zu dem Drama der ungeplanten dionysischen Exzesse bei der christlichen Weihnachtsbetriebsfeier.

Die Akteure marschierten auf, und sie waren schön und

vorwiegend jung und gut gekleidet. Frauen in erregend sparsamer Umhüllung, Männer mit dem Blick Lino Venturas, der Statur Mickey Rourkes oder dem Gang Lionel Hamptons – also überall verhaltene Geheimnisfülle. Der Chef war schnell erkannt, er ist immer der, um den herum sich die Sitzordnung ergibt. Ein Glas Champagner zur Begrüßung, am Tisch im Hintergrund lauerten die Geschenke, die nachher verteilt und angenommen werden mußten. Es sollte, so erfuhr ich, auch zu Spielen kommen.

Ist das eine Werbeagentur? Mit Sicherheit nicht, denn da ist immer einer dabei, der sich aus Trotz schlecht kleidet. Modebranche? Aber die feiern nicht zu Weihnachten. Welcher Wirtschaftszweig boomt? Der Buchhandel kann also ausgeschlossen werden. Vielleicht Elektronik, Rüstungsindustrie oder Spirituosen. Ein fremder Geheimdienst oder eine neue Sekte? Aber es reicht doch zu wissen, daß da Menschen zu einer betrieblichen Feierlichkeit zusammenkommen, da muß doch nicht auch noch die Identität der Wirtschaftssparte entschleiert werden. Wenn diese Menschen eine Corporate Identity haben, ist das doch ihre Sache. Mir scheint, in diesem Land gibt es auch einen sozialen Rassismus, der sofort nach dem Beruf, der ökonomischen Tätigkeit fragt. Das ist doch von Übel. Nehmen wir doch den einzelnen Menschen, so wie er ist, ganz unabhängig von seiner Hautfarbe, von seiner Herkunft und von seiner Tätigkeit. Warum soll jemand denn nicht im Brauergewerbe tätig sein oder in einer Werbeagentur oder beim Zirkus? Kommt es nicht immer auf den Einzelfall und auf die innere Einstellung an und darauf, was ein Mensch macht und nicht darauf, was er sagt? Warum stelle ich mir aber jetzt solche blöden Fragen?

Die Vorweihnachtszeit prägt oft auch den mäkelnden Menschen, den Berufsnörgler, und stimmt ihn nachdenklich, gnadesüchtig und vergebungsträchtig. Und diese Mentalität wird dann eingebracht in die Feste vor der längsten Nacht des Jahres. Was geschah nun hier in der warmen Gaststube der kleinen Kneipe um die Ecke?

Alle setzten sich, die Kellner brachten Vorspeisen und Getränke, plötzlich ging das Licht aus, ein Weihnachtsbaum mit Lichterketten kam still in den Raum gefahren, während draußen vor der Tür ein Kinderchor (aus dem Waisenhaus?) »Stille Nacht« sang. Das Licht ging wieder an, alle klatschten Beifall. Die Kinder tauchten ab in der Dunkelheit. Ein Angestellter klirrte mit der Gabel an sein Glas, erhob sich und sprach über das erfolgreiche vergangene Jahr, daß das Konkurrenzunternehmen am Ort Konkurs angemeldet habe, alle lachten und klatschten, die Kellner schenkten nach, eine Frau in einer Ecke fing an zu weinen, der Chef bedankte sich bei seinen Mitarbeitern, gedachte der Verstorbenen des Jahres, die Weinende bekam einen Lachkrampf, ihr Nachbar schlug ihr kräftig ins Kreuz, der Chef erzählte einen Witz, die Kellner schenkten nach, die älteren Mitarbeiter, die um einen Katzentisch versammelt waren, blickten neidisch zum Cheftisch, an dem sich immer mehr Frauen versammelten, während immer mehr Männer versuchten, die vordem Weinende handgreiflich zu trösten.

Eine der Älteren stand auf, begann zu tanzen, vielleicht um die Aufmerksamkeit des Chefs auf sich zu lenken, der Christbaum wackelte, dahinter schien sich etwas abzuspielen, einige verschwanden auf den Toiletten, andere hielten durch, Kleidung verrückte, Gesichter waren rot oder wurden fahl, mehrere begannen zu tanzen, der Chef ging heim, kurz drauf auch die Dunkle mit den wunderschönen Augen, zwei Jungs begannen zu knutschen, und der Rest der Belegschaft war stolz auf seine Vorurteilsfreiheit gegenüber offen praktizierter Homosexualität.

Keiner kotzte, die Tischnachbarn wechselten, es wurden Berührungen ausgetauscht und Verabredungen noch für später getroffen, niemand dachte an morgen, Augen blitzten, Menschen gingen aus sich heraus, ohne auf therapeutische Tricks hereingefallen zu sein, Essen und Trinken wurde genossen, man erzählte sich vom letzten Weihnachtsfest, hinterm Christbaum ertönten schöne Schreie, die Rechnung ging auf den Chef, der sie von der Steuer absetzen konnte, die Kellner bekamen ein gutes Trinkgeld, alle fuhren mit dem Taxi nach Hause oder in fremde Lotterbetten, und wer einen eigenen Wagen hatte, ließ ihn stehen. Muß man dazu noch das Evangelium nach Lukas vorlesen?

Walter Mehring

Ain new Weihnacht Lied

Nu stimpt mir Harpff und Cymbeln an!
Der Herr Gott hat gesprochen!
Was man ihm schimpf und schannd getan /
Mit gelde wards gerochen!

Oh Herr wie herrlich ist Dein Wort /
Als *wir* es rechtens deuteln /
Schaust gütig drein wann *wir* mit tort
Den armen Teuffel beuteln!
Lass *uns* gewährn!
Glaubst Du das tumbe Volck gewillt
dich zu verehren /
So *wir* nit wärn?
Das muss in Dreck und noth gebährn
dein Ebenbild!
Drumb mag es auch von sollcher pein
Mit gas vergifft erlöset seyn /
In Deynem namen
Amen!

Vil Jud und Christen seynnd verreckt
An Deiner langmuth grösse /
Wir haben fein mit Dir gedeckt
Der grossen schulden Blösse!
Lass *uns* gewährn!
Du gabst *uns* / Herr / das *Herren*recht
Und *Göttlich* ehrn
Umb zu bekehrn
Zur Zucht das mäntschliche geschlecht

Alls Deine knecht!
So schützen *wir* durch Krieg und bluth
Dich vor der Knechte Übermuth /
In Deynem Namen
Amen!

Zur Weihnacht nach dem festlich brauch
Verschenken *wir* die erden!
Wer aber nit hat / dem soll auch
Was er hat / gnommen werden!
Lass *uns* gewährn
Wir heimsen vor Dich ruhm und preis
Das Gut zu mehren
In allen ehren
Dass *wir's* im Jenseits Dir zurück bescheren
Kyrioleis!

Ach Herr Du schöpffer aller Ding /
Wie bistu worden so gering!
Du schufst die welt und staatsanwält
Du schufst die Armen und das geld!
Wir seynnd durch Deynen glauben starck /
Wer schwach ist zahlt zweytausend marck /
In Deynem Namen
Amen!

Oskar Maria Graf

Die Weihnachtsgans

Eine wahre Geschichte

Am Weihnachtssonntag gegen Viertel nach zehn Uhr in der Frühe ereignete sich in einem Gäßchen der Altstadt ein schier unglaublicher Vorfall: Leute, die vom Hochamt heimgingen und an dem Hause Nummer 18 vorüberkamen, glotzten urplötzlich in die Höhe, riefen jäh ein abgehacktes »Oho! Oho!«, blieben starr stehen, glotzten wiederum wortlos in die Höhe und bildeten im nächsten Augenblick einen heftig gestikulierenden Ring empörter Zeitgenossen.

»Also da hört sich doch schon alles auf! Also da-das ist –«, plärrte der Metzgermeister Heinnagel mit seiner krachenden Stimme, wurde aber von den keifenden Weibern überschrien. Der Lärm wurde immer ärger. Aus den Fenstern, rechts und links, reckten sich die Köpfe. Endlich kam ein Schutzmann im Eilschritt daher. Der Ring auf dem Pflaster zerteilte sich.

Was war eigentlich geschehen? Kurz gesagt das: Jemand aus dem Hause Nummer 18 hatte eine wunderbar gerupfte, bratenfertige Gans aus dem Fenster geschmissen. Die lag jetzt, aufgeplatzt und leicht ramponiert, auf dem Pflaster.

Eine Gans notabene, die, wie der Schutzmann in schneller Prüfung feststellte, absolut frisch, wunderbar zart und zum Anbeißen appetitlich war!

Eine solche Kostbarkeit zu so einer Zeit wie der heutigen, wo Tausende elendiglich hungern müssen – die hatte jemand, ganz frech, direkt aufreizend, auf die Gasse –

Der Schutzmann packte kurzerhand die nackte Gans an den zusammengebundenen Schenkeln und trat martialisch in das Haus Nummer 18. An jeder Tür das gleiche: »Ist die Gans von Ihnen? Haben Sie? –« fragte der Schutzmann. Die Leute hinter ihm schauten mit Fangaugen und wahren Lynchgelüsten auf die in der Tür Auftauchenden.

»Wir? Ausgeschlossen! Nein!« war die jedesmalige Antwort, und alsdann flog die Tür zu und das grollende Schimpfen stieg höher. Parterre konnte es nicht gewesen sein, im ersten Stock, beim Steuerschreiber Wengerl, gab es ausnahmsweise Schweinsbraten, im zweiten Stock, beim Zigarrenhändler Aubichler, roch man schon von weitem das Kraut, im dritten Stock? –

»Wohnt denn da überhaupts noch wer droben?« fragte der Schutzmann und schaute an den muffigen, dunklen, rissigen Wänden hoch.

»Jaja, wohnen schon, aber von dem wirds sicher nicht sein … Der is ja schon drei Jahr arbeitslos«, gab der Aubichler Auskunft. Schon wollte der Schutzmann unverrichteter Dinge gehen, gab sich aber plötzlich doch einen Ruck und stieg ganz hinauf zum verwahrlosten Speicherbereich. Rechts eine Tür, drauf eine bedruckte Pappendeckeltafel: »Betreten des Speichers mit offenem Licht verboten!« Und links eine. Kein Klingelknopf, kein Schild mit dem Namen des Inwohners.

Etwas benommen standen die rebellischen Menschen auf der Stiege. Der Wachtmeister klopfte einmal, klopfte zweimal, klopfte zum drittenmal und sagte bassig, beamtenhaft barsch: »Aufmachen, Polizei!« In der Tür erschien ein völlig verschlampter, zaundürrer Mensch mit verhedderten Bartstoppeln, hohlen, finsteren Augen und einem Gesicht wie abgenagt.

»Gehört vielleicht Ihnen die Gans? Haben Sie –«, fragte der Wachtmeister bedeutend unsicherer und hielt die nackte Gans hin. Die hinter ihm Stehenden hielten glatt den Atem an, denn der Mann gab ohne Umschweife zu. »Ja, ich hab die Gans nuntergschmissn«, sagte er und bekräftigte noch einmal: »Jawohl, ich!« Sekundenlang blieb es stockstumm.

»Sie? … Was, Sie?« faßte sich der Wachtmeister als erster und bekam sofort eine steinerne Amtsmiene: »Was ist denn das für ein Unfug!« Er trat durch die Tür, und die Leute drängten nach. Zuerst kam ein dunkler, ganz schmaler, muffiger Gang. Der Wachtmeister riß eine Tür auf, und es wurde heller. Da war eine kalte, leere Mansarde mit schrägen Wänden und einem dickgefrorenen Fenster, durch welches nur ein spärliches Licht fiel. Auf der einen Seite stand eine durchgesackte Metallbettstelle, drauf lag ein undefinierbarer Berg von Lumpen. Neben dem Bettstand ein einziger Stuhl, auf dem sich ein dreckiger, voller Aschenbecher mit einer ausgerauchten Pfeife befand. Auf der anderen Seite des Raumes war ein zersprungener, niederer, runder eiserner Ofen, sonst gar nichts. Verkohlte Zeitungspapierfetzen, Tabakasche und abgebrannte Streichhölzer lagen auf dem Boden herum: Eine schmale Tür stand offen. Durch sie sah man in ein finsteres Loch, aus dem ein gleichmäßiges Wassertropfen drang.

»Wenn der Herr Wachtmeister sich vielleicht überzeugen wollen … Ich mein, wegn dem Tatbestand … Da drin, das ist meine Kuchl«, deutete der Mann auf die dunkle Tür. Noch spöttischer setzte er dazu: »Ist ja weiter nicht interessant … Gas abgsperrt, das Elektrische abgsperrt, aber das Wasser lauft noch … Ich hab leider kein Zündhölzl, aber bitte, Herr Wachtmeister, wenn Sie eins haben … Bitte …« Seine ironische Sicherheit und die unerwartet trostlose Umgebung machten den Wachtmeister und die Leute, die gefolgt waren, verlegen. Der Metzgermeister Heinnagl zündete ein Streichholz an. Alle reckten die Köpfe in das Loch von einer Kuchl. Gar nichts war drinnen als ein Ausguß mit einem tropfenden Wasserhahn, auf dem Boden ein verrosteter Spiritusapparat und eine aufgerissene Schachtel mit fettigem Papier. Ein schrecklicher Gestank nach Moder und Pisse herrschte in dem Loch.

»Hm, pfui Teufel!« brummte der Heinnagl. Das abgebrannte Zündholz fiel ihm aus der Hand und verglomm auf dem Boden. Wieder stockte es.

»Woher haben Sie denn die Gans?« wandte sich der Wachtmeister an den Inwohner, und der Mann verzog hämisch den Mund.

»Wo ich die her hab? ... Ja, ich bin dazugekommen wie die Jungfer zum Kind, Herr Wachtmeister ... Ganz unverhofft, sozusagen ... Weitschichtige Verwandte haben mir was Gutes antun wollen ... Vom Land draußn ... Grad vor einer Stund hat die Post das Packerl bracht ...« – »Hm, thm ... Recht seltsam, sowas«, murmelten etliche. »Jaja, seltsam, nicht wahr? ... Komisch?« wandte sich der Mann frech an die Leute: »Und was sollt ich jetzt eigentlich mit dem Viech machen? ... Mit jedem im Haus hab ich Feindschaft, der Hauswirt selber möcht mich schon seit einem Vierteljahr rausschmeißen ... Braten kann ich die Gans auch nicht, Holz hab ich keins, das Gas ist abgesperrt, und –«

»Aber da wirft man doch nicht die wertvolle Gans beim Fenster nunter! Das ist doch einfach aufreizend«, fiel ihm der Wachtmeister ins Wort und kam in ein gutmütigeres Poltern: »So was tut man doch nicht! Außerdem –« Er schien auf einen Gedanken gekommen zu sein: »Die Gans könnten Sie doch schließlich verkaufen oder sich wo braten lassen ...«

»Verkaufen? ... Hm, wem denn am zweiten Weihnachtssonntag? Jeder hat sich eingedeckt und – und ich hab keine Bekannten –«, meinte der Mensch mit dem Stoppelbart, aber schon sah er, wie etliche die Gans mit Kennerblicken musterten, wie die Augen rundum interessierter wurden. Der Wachtmeister erfaßte ebenso schnell die Situation und wandte sich an die Umstehenden: »Will vielleicht jemand von den Herrschaften die Gans?«

»Billig!« setzte der Besitzer dazu.

Schnüffelnd musterten die Leute die Beute. Ein wenig

zögernd drängten sie sich heran, alsdann aber betappten sie die nackte, kalte Gans von allen Seiten.

»Ein fetts Bröckerl … Was solls denn kostn?« fand der Metzgermeister Heinnagl als erster das Wort. Er schob seine Hand unter die Gans und wog sie fachmännisch. »Fünf Mark meinetwegen«, sagte der Besitzer.

»Ich geb sechs … sechs sofort!« mischte sich eine aufgedonnerte Frau ein. Durch das lange Verweilen der Leute angelockt, waren die Inwohner des Hauses in die Mansarde gekommen.

»Ich zahl sieben … Da, mein letzts Wort!« rief der Zigarrenhändler Aubichler, und auf einmal wurde das Überbieten hurtiger.

»Acht, acht! Sofort!« bot der Heinnagl. Der Aubichler wurde herzhafter und trat vor: »Herr Reger, ich will Ihnen was sagen … Mir sind doch Nachbarn … Sieben Mark fufzig, und für Sie soll auch was abfallen …« Er schnitt ein ungewohnt mildtätiges Gesicht.

»Neun Mark, und mir muaß ghörn!« überschrie der Metzgermeister Heinnagl alle. »Dös is weit überzahlt, aber ich will mich net lumpn lassn … Sie solln sich auch an guatn Tag machn könna, Herr … Sechs Pfund wiegt die ganze Gans!« redete er weiter.

»Sechs? … Nana, dö hot guat ihrerne siebn, acht Pfund!« berichtigte die aufgedonnerte Frau und wurde ebenfalls freundlich: »Herr, wenn S wolln … Ich zahl Ihna siebn Mark, und mitessen könna S auch …«

»Zehn Mark, Herrgott! Daß a Ruah is! Da! Mir muaß ghörn, dö Gans … Da, Herr Nachbar, da!« streckte der Metzgermeister alle übertrumpfend den Zehnmarkschein hin und griff nach der Gans. Der Wachtmeister mußte dünn lachen. Der Mansardenbewohner Reger sah auf den Geldschein und nickte.

»Da könna S Eahna einen guatn Tog macha, Herr Nachbar … Ich bin net aso! Für an armer Menschn hob ich oiweil a guats Herz ghabt!« Mit diesen Worten schob der Metzgermeister die nackte Gans unter seinen Arm.

»Na, also … Sehn S, es is ja alles gut gegangen«, schloß der Wachtmeister. Er wandte sich zum Gehen. Die Leute folgten.

»Dö wiegt gut seine zwölf Pfund«, konnte sich der Zigarrenhändler Aubichler nicht enthalten zu sagen. Aber das hörte niemand mehr. Die Tür flog zu, über die knarrenden Treppen tappten die ehemals so empörten Leute. Der Arbeitslose Reger tat sich auch wirklich einen guten Tag an und schrieb am andern Tag an seine mildtätigen Verwandten auf dem Land den wahrheitsgetreuen Sachverhalt. Die Spender der Gans, die Oberapothekerseheleute Querlinger in Aglfing, waren trotzdem empört.

»Da hast es wieder mit deiner Mildtätigkeit … Lauter Lumpen, diese Burschen … Was zessn wollns gar net, bloß Geld!« grantelte der Oberapotheker seine Frau an. Sie schworen sich, nicht mehr auf die rührsamen Reden über die Winterhilfe, die das Radio jeden Tag daherschmetterte, zu hören.

Der Metzgermeister Heinnagl hingegen wog die Gans sofort daheim. Fast dreizehn Pfund war sie schwer. Er pfiff fast lüstern durch die Zähne. Und als er später das Prachtstück wohlig verzehrte – am trauten Familientisch – brach wirklich sein Herz durch.

»Herrgott, eine Not ist das, Zenzl! Eine solcherne Not … Man macht sich gar keinen Begriff net«, beteuerte er. Seine Augen verschwammen dabei, er hielt mit beiden Händen den fetten Gansschenkel, rechts und links aus seinen Mundwinkeln rann der köstliche Saft.

Dr. Owlglass

Fest der Liebe

Was klagt so durch die Nacht? …
Sie haben unbeklommen
der Kuh das Kalb genommen
und zielbewußt dem Metzger zugebracht.

Ein Karpfen siedet blau.
Er hat dran glauben müssen,
das Fest uns zu versüßen,
nebst einer Gans und einer masten Sau.

Aus tausend Augen starrt
ins Kerzenlicht der »Liebe«
die Welt der dumpfen Triebe,
verständnislos-entsetzt, und starrt und harrt.

Emilio Cecchi

Feierliche Tischrede am Weihnachtsabend

Obgleich ich nichts Päpstliches oder Bischöfliches an mir habe, kann es sein, daß der geneigte Leser dieser Zeilen erschrickt, wenn ich mir heute abend das Gewand des Festredners überziehe, das Pult besteige und über Weihnachten spreche. Ich hoffe, das ist nicht der Fall. Wie ich schon sagte, bin ich weder ein Papst noch ein Bischof, ja nicht einmal ein Polemiker, der sich in glühenden Tiraden ergeht und sich so weit versteigt, den Frieden von Versailles mit dem weihnachtlichen Frieden auf Erden zu vergleichen. Ich bin auch kein humoristischer Maler wie mein Freund Baldini, der sich beim Thema Weihnachten einfach aus der Schlinge zieht, indem er einen frei erfundenen schwarzen Pagen eines der Heiligen Drei Könige beschreibt, der mit einem Äffchen spielt und achtlos in der Nase bohrt, während die Könige dem Christkind ihre Geschenke überreichen. Ich versichere euch, mein Freund würde aus dieser Szene so ein nettes Bild machen, daß dem Betrachter erst viel später – wenn der Künstler sich schon aus dem Staub gemacht hat – auffiele, daß das schwarze und das weiße Kind einander sehr ähneln, ja, daß das schwarze Kind wie ein kleiner Jesus aussieht.

Oh, käme ich doch aus den Abruzzen wie Aligi! Dann hätte ich alle Mittel des Lokalkolorits zur Verfügung, und ich könnte euch mit der Sackpfeife oder einem anderen Instrument zu Tränen rühren. Aber die Toskana, aus der ich komme, ist ein farbloses, gottloses und freudloses Land ohne eigenständiges Brauchtum – wir schlagen uns an Weihnachten noch nicht einmal richtig den Bauch voll.

Ich sage nicht das geringste gegen den Sinn für Rituale und das Traditionsbewußtsein, die sich mit Vorliebe an einem Kapaun in Gelatine und einer altehrwürdigen Sammlung staubbedeckter Weinflaschen entzünden. Wer mir glaubhaft versichert, daß er die Tradition hochhält und den alten Gewohnheiten treu bleibt, der mag meinetwegen fressen statt fasten und sein Gelübde durch einen Trinkspruch ersetzen.

Es ist mir gerade recht, wenn ihr bei solchen Gelegenheiten, um den Geist der Tradition wachzuhalten, das Bedürfnis verspürt, euch mit Fleisch vollzustopfen. Im Mittelalter glaubte man erbarmungslos, und man aß auch so – als wäre das Essen gleichzeitig ein Glaubensbekenntnis. Man brach mit der Überzeugung, die Natur sei etwas dem Menschen Fremdes und Feindseliges, und anstatt (wie man es später tat) die Natur mit pantheistischen Gedichten anzulocken, ohne sie im geringsten verändern zu wollen, verleibte man sie sich in großen Mengen und Variationen ein. Auf diese Weise sah man noch in der Verdauung eine religiöse Bedeutung – sie wurde zum Mysterium der Bekehrung und Wandlung.

Um einen Heiden zu bekehren, mußte man seinen Geist oder – wenn das nicht half – seinen Schädel mit Schwert und Knüppel bearbeiten und ihm eine Schüssel Weihwasser darübergießen – und dann wußte man noch immer nicht genau, ob er ordentlich bekehrt war. Daneben gab es jedoch auch die Möglichkeit, einen Stier, einen Kapaun oder Stör zu bekehren, Tiere, die undurchschaubarer und störrischer waren als ein Sarazene. Der Weg dahin war ungleich direkter und sicherer: Man warf die Tiere in den Kochtopf und aß sie. Das ist der schlichte und heilige Sinn aller Festessen, der weltlichen wie der religiösen, mit ihren Myriaden von Gerichten, Zutaten, Kräutern und Gewürzen: Die Natur in ihren Erscheinungsformen wird aus den Ställen, Käfigen, Flüssen und Seen geholt, dem Menschen einverleibt und erlöst …

Und wenn die Theologen der Scholastik ganze Bibliotheken vollschrieben, um den Brauch des Osterlamms zu erklären, und andere, unbefangenere Forscher in den Schäfchen der byzantinischen Mosaiken schon den Lammbraten rochen, ist es doch durchaus möglich, daß eines Tages auch das Geheimnis um den Fisch gelöst wird, der auf den steinzeitlichen Höhlenmalereien abgebildet ist – vielleicht ist es ja nur ein Seebarsch in Mayonnaise-Soße …

Leider sind die Zeiten, in denen man Ketzer und Heiden mit Knüppel und Schaufel traktierte, vorbei, aber unsere Tiere werfen wir immer noch in den Kochtopf wie ehedem. Nur tun wir dies – dem Diktat einer hektischer gewordenen Zeit gehorchend – heute meist unbewußt oder mit schlechtem Gewissen, ohne noch einen Gedanken an das feierliche Zeremoniell des Opferns und der Transzendenz zu verschwenden, das jedem Mahle innewohnt. Wenn wir heute einen Kapaun essen, fühlen wir Reue und Mitleid mit ihm und uns selbst schuldig, als hätten wir die Abläufe der Natur gestört – als sei der Vogel ein Opfer unserer Grausamkeit und Ungerechtigkeit geworden. Dabei handelt es sich doch in Wahrheit um einen Akt der Erlösung eines auserwählten Lebewesens; unser Körper ist kein trostloses Grab für das Tier, sondern der prächtigste Altar, auf dem es für höhere Zwecke geopfert wird.

Der Mensch von heute ist nicht mehr der Mittler, der ein Stück Natur – zum Beispiel ein Beefsteak – dazu einlädt, durch seinen Verdauungstrakt hindurchzugehen und sich wieder mit seinem Schöpfer zu vereinen. Er ist eher ein zum Tode Verurteilter, der aus purer Feigheit und Gewohnheit weiterißt und seinem Beefsteak heuchlerisch zuraunt: »Mach dir nichts draus, Kleines; morgen bin ich dran!« – Was ich euch damit sagen möchte, ist: Wenn ihr nachher eßt, dann tut mir den Gefallen und eßt mit einer besonderen weihnachtlichen Andacht: mutig und fröhlich und ganz bewußt.

Versteht euch im Sinne des Gesagten als Mittler zwischen der Natur und der Schöpfung, nicht etwa als unglückselige Totengräber! Eßt wie die Christen, das heißt maßlos wie die Tiere und in gewaltigen Mengen; eßt mit der Einstellung, die all die Rinder und Wildschweine, Lämmer und Hasen, Truthähne und Singvögel, Fluß- und Meeresfische, ja sogar die armen, mit Zitronenscheiben garnierten Austern stolz und glücklich macht, daß sie für euch sterben durften und in euch wieder zum Leben erweckt werden! Das Gemüse ergrünt in euch mit einem leuchtenden Grün, das es auf der Erde gar nicht gibt, und Datteln und Ananasfrüchte bilden in euch mit ihren Zweigen und Gerüchen eine herrliche symbolische Landschaft, in der alle Tiere ihre Krippe, ja ihr Paradies finden werden.

So wird das Weihnachtsmahl zum Sinnbild, zur eßbaren Krippe. Und der Metzger hat, indem er die Salami schuf, dafür gesorgt, daß auch der Esel an unserer Krippe nicht fehlt.

Aber das ist ein weites Feld. Wer einmal anfängt, sich mit der Symbolik und den mannigfachen Bedeutungen dieser Wiederkehr zu beschäftigen, weiß bald nicht mehr, wie und wo er aufhören soll. Die Schwierigkeit des Themas liegt darin, daß es so unerschöpflich ist wie kaum ein anderes. Schon ist der Moment gekommen, uns zum Essen umzuziehen, und zu meiner Schande muß ich gestehen, daß ich, der ich kein erfahrener Redner bin, im Kampf gegen die Uhr versagt und mein Thema bislang nur gestreift habe.

Daher will ich nur noch das eine sagen: Wenn es unter euch welche gibt, die glauben, eine neue Tradition und ein neues Zeremoniell des Weihnachtsschmauses gefunden zu haben und die alte, bewährte Tradition über Bord werfen zu können – schön für sie. Aber diejenigen, die darüber anders denken, sollten die alte Tradition des Festessens, die ich vorhin umrissen habe, mit mehr Eifer und mehr Überzeugung pflegen, zumindest solange sie sie noch haben, damit Ostern, Epiphanias und Weihnachten uns noch möglichst lang erhalten bleiben und nicht durch irgendeinen modernen Quatsch ersetzt werden. Wer die Tradition pflegt, kann dabei nur gewinnen. Sie ist zu allen Zeiten ein fester, verläßlicher, verbindender Teil des Lebens gewesen. Das war nie so wichtig wie in unserer heutigen hektischen Welt. Dabei ist es mir, wie gesagt, einerlei, ob ihr den asketischen oder den pantagruelischen Weg bevorzugt – Hauptsache, ihr bekennt euch zum Weihnachtsschmaus, denn ihr habt nichts anderes. Und wenn ihr siegt, wird die Tradition euch den Sieg vergolden, und wenn ihr dabei zugrunde geht, wißt ihr wenigstens, wofür ihr gestorben seid.

Nun, eure häufigen Blicke zur Uhr und andere deutliche Zeichen eurer Ungeduld bestätigen mir, daß ihr, meine Freunde, wahrlich nicht auf den Weihnachtsschmaus verzichten wollt. Das tröstet mich und erfüllt mich mit Hoffnung. Laßt euch also durch meine theoretischen Betrachtungen über die Tradition und Bedeutung des Weihnachtsschmauses nicht weiter von dem abhalten, worauf ihr schon die ganze Zeit wartet – die Praxis.

In diesem Sinne … verschieben wir eine genauere Erörterung des Themas auf nächstes Jahr.

Klabund

Bürgerliches Weihnachtsidyll

Was bringt der Weihnachtsmann Emilien?
Ein' Strauß von Rosmarin und Lilien.
Sie geht so fleißig auf den Strich.
O Tochter Zions, freue dich!
Doch sieh, was wird sie blau wie Flieder?
Vom Himmel hoch da komm ich nieder.
Die Mutter wandelt wie im Traum.
O Tannebaum! O Tannebaum!
O Kind, was hast du da gemacht?
Stille Nacht, heilige Nacht.
Leis hat sie ihr ins Ohr gesungen:
Mama, es ist ein Reis entsprungen.
Papa haut ihr die Fresse breit.
O du selige Weihnachtszeit!

V

Weihnachtswege
oder
Es gibt ein Entkommen

Kurt Tucholsky

Gross-Stadt – Weihnachten

Nun senkt sich wieder auf die heim'schen Fluren
die Weihenacht! die Weihenacht!
Was die Mamas bepackt nach Hause fuhren,
wir kriegens jetzo freundlich dargebracht.

Der Asphalt glitscht. Kann Emil das gebrauchen?
Die Braut kramt schämig in dem Portemonnaie.
Sie schenkt ihm, teils zum Schmuck und teils zum Rauchen,
den Aschenbecher aus Emalch glasé.

Das Christkind kommt! Wir jungen Leute lauschen
auf einen stillen heiligen Grammophon.
Das Christkind kommt und ist bereit zu tauschen
den Schlips, die Puppe und das Lexikohn.

Und sitzt der wackre Bürger bei den Seinen,
voll Karpfen, still im Stuhl, um halber zehn,
dann ist er mit sich selbst zufrieden und im reinen:
»Ach ja, son Christfest is doch ooch janz scheen!«

Und frohgelaunt spricht er vom ›Weihnachtswetter‹,
mag es nun regnen oder mag es schnein.
Jovial und schmauchend liest er seine Morgenblätter,
die trächtig sind von süßen Plauderein.

So trifft denn nur auf eitel Glück hienieden
in dieser Residenz Christkindleins Flug?
Mein Gott, sie mimen eben Weihnachtsfrieden …
»Wir spielen alle. Wer es weiß, ist klug.«

Dr. Owlglass

Sie lärmen und sie rennen

Sie lärmen und sie rennen.
Es fiebern die Antennen.
Viel tausend grelle Lichter schrei'n …
Die alten Sterne blitzen.
Lern' wieder stille sitzen
und lausche du in dich hinein!

Die Nacht, wer kann sie töten,
wenn sie aus Abendröten
so samten-schwer und schaurig quillt?
Mit brüllenden Sirenen
ihr Schweigen überdröhnen,
das mütterlich die Unrast stillt?

Laß sausen und laß brausen!
Das Heil kommt nicht von draußen.
Ertaube *du* der gellen Gier,
der wirren Hast! Erblinde
dem irren Glast und finde
in dunkler Nacht den Pfad zu dir!

Arthur Schopenhauer

WAS MAN AN SICH SELBER HAT

Das Beste und Meiste muß daher jeder sich selber sein und leisten. Je mehr nun dieses ist, und je mehr demzufolge er die Quellen seiner Genüsse in sich selbst findet, desto glücklicher wird er sein. Mit größtem Rechte also sagt Aristoteles: (...) das Glück gehört denen, die sich selber genügen. Denn alle äußern Quellen des Glückes und Genusses sind, ihrer Natur nach, höchst unsicher, mißlich, vergänglich und dem Zufall unterworfen, dürften daher, selbst unter den günstigsten Umständen, leicht stocken; ja, dieses ist unvermeidlich, sofern sie doch nicht stets zur Hand sein können. Im Alter nun gar versiegen sie fast alle notwendig: denn da verläßt uns Liebe, Scherz, Reiselust, Pferdelust und Tauglichkeit für die Gesellschaft: sogar die Freunde und Verwandten entführt uns der Tod. Da kommt es denn, mehr als je, darauf an, was einer an sich selber habe. Denn dieses wird am längsten stichhalten. Aber auch in jedem Alter ist und bleibt es die echte und allein ausdauernde Quelle des Glücks. Ist doch in der Welt überall nicht viel zu holen: Not und Schmerz erfüllen sie, und auf die, welche diesen entronnen sind, lauert in allen Winkeln die Langeweile. Zudem hat in der Regel die Schlechtigkeit die Herrschaft darin und die Torheit das große Wort. Das Schicksal ist grausam und die Menschen sind erbärmlich. In einer so beschaffenen Welt gleicht der, welcher viel an sich selber hat, der hellen, warmen, lustigen Weihnachtsstube, mitten im Schnee und Eise der Dezembernacht. Demnach ist eine vorzügliche, eine reiche Individualität und besonders sehr viel Geist zu haben ohne Zweifel das glücklichste Los auf Erden; (...)

Joachim Ringelnatz

Lebhafte Winterstrasse

Es gehen Menschen vor mir hin
Und gehen mir vorbei, und keiner
Davon ist so, wie ich es bin.
Es blickt ein jedes so nach seiner
Gegebenen Art in seine Welt.

Wer hat die Menschen so entstellt??

Ich sehe sie getrieben treiben.
Warum sie wohl nie stehenbleiben,
Zu sehen, was nach ihnen sieht?
Warum der Mensch vorm Menschen flieht?

Und eine weiße Weite Schnee
Verdreckt sich unter ihren Füßen.
So viele Menschen. Mir ist weh:
Keinen von ihnen darf ich grüßen.

Yuanwu

Stille inmitten der Hektik

Das menschliche Leben passt sich den Umständen an. Es ist nicht nötig, die Tätigkeit zurückzuweisen und die Stille zu suchen; mach dich nur inwendig leer und auswendig harmonisch. Dann wirst du selbst inmitten hektischster Tätigkeit in Frieden sein.

Joachim Ringelnatz

Stille Winterstrasse

Es heben sich vernebelt braun
Die Berge aus dem klaren Weiß,
Und aus dem Weiß ragt braun ein Zaun,
Steht eine Stange wie ein Steiß.

Ein Rabe fliegt, so schwarz und scharf,
Wie ihn kein Maler malen darf,
Wenn er's nicht etwa kann.
Ich stapfe einsam durch den Schnee.
Vielleicht steht links im Busch ein Reh
Und denkt: Dort geht ein Mann.

Robert Walser

Die kleine Schneelandschaft

Gestern haben wir Schnee bekommen, und heute in der Morgenfrühe ging ich hinaus zur sorgsamen und ruhigen Besichtigung der Schneelandschaft. Niedlich, wie ein artiges Kätzchen, das sich geputzt hat, liegt jetzt das reiche, liebliche Land da. Jedes Kind, sollte ich meinen, kann die Schönheit einer Schneelandschaft im Herzen verstehen, das feine saubere Weiß ist so leicht verständlich, ist so kindlich. Etwas Engelhaftes liegt jetzt über der Erde, und eine süße, reizvolle Unschuld liegt weißlich und grünlich ausgebreitet da. Ich freute mich über meine Aufgabe, über das Amt, über die angenehme Pflicht, die mir vorschrieb, sorgfältig und aufmerksam Notiz vom Schnee und seinen Reizen zu nehmen. Wunderbare Feinheit und Schönheit lag darin, daß das Gras so artig und mit so zarten Spitzen aus der Schneefläche herausschaute. Ich ging wieder zu meinem alten unverwüstlichen, gütigen Zauberer, zum Wald, und zum Wald wie im Traum wieder hinaus, und da lag es da, das Kinderland in seiner Kinderfarbe. Die Bäumchen und Bäume schienen einen graziösen Tanz auf dem weißen Felde aufzuführen, und die Häuser hatten weiße Mützen, Kappen, Kopfbedeckungen oder Dächer. Es sah so appetitlich, so lockig, so lustig und so lieb aus, ganz wie das zarte, süße Kunstwerk eines geschickten Zuckerbäckers. Noch ein Morgenlicht leuchtete in einem Fenster, und ein anmutig Haus stand in einiger Entfernung, das hatte Fenster wie Augen, welche fröhlich und listig blinzelten. Das Haus war wie ein Gesicht, und die fünf grünen Fenster waren wie seine Augen. Geh doch hin, lieber Leser, noch steht das zauberische Landbild da, mit Schnee auf seinem lieblichen Antlitz. Man darf nur nie zu träge sein und sich vor ein paar hundert Schritten nicht fürchten, zeitig aus dem Faulenzerbett aufstehen, sich auf die Glieder stellen und nur ein wenig hinauswandern, so sieht sich das Auge satt, und das freiheitsbedürftige Herz kann aufatmen. Geh hin zu der artigen Schneelandschaft, welche dich wie mit einem schönen freundschaftlichen Munde anlächelt. Lächle auch du sie an und grüße sie von mir.

Friedrich Hebbel

Die Weihe der Nacht

Nächtliche Stille!
Heilige Fülle,
    Wie von göttlichem Segen schwer,
    Säuselt aus ewiger Ferne daher.

Was da lebte,
    Was aus engem Kreise
Auf ins Weitste strebte,
    Sanft und leise
Sank es in sich selbst zurück
Und quillt auf in unbewußtem Glück.
    Und von allen Sternen nieder
Strömt ein wunderbarer Segen,
    Daß die müden Kräfte wieder
Sich in neuer Frische regen,
    Und aus seinen Finsternissen
Tritt der Herr, soweit er kann,
    Und die Fäden, die zerrissen,
Knüpft er alle wieder an.

Hermann Hesse

In Weihnachtszeiten

In Weihnachtszeiten reis ich gern
Und bin dem Kinderjubel fern
Und geh in Wald und Schnee allein.
Und manchmal, doch nicht jedes Jahr,
Trifft meine gute Stunde ein,
Daß ich von allem, was da war,
Auf einen Augenblick gesunde
Und irgendwo im Wald für eine Stunde
Der Kindheit Duft erfühle tief im Sinn
Und wieder Knabe bin …

Lin Yutang

Was dem Menschen gut tut

Die Natur wirkt immer als eine Art Sanatorium. Wenn sie nichts anderes heilt, so kann sie den Menschen doch vom Größenwahn heilen. Dem Menschen tut es gut, wenn er »an seinen Platz gerückt« wird; deshalb werden auf den chinesischen Bildern die Menschen in der Landschaft immer recht klein gezeichnet. Auf dem chinesischen Gemälde, welches die Unterschrift trägt »Ausblick auf einen Berg nach dem Schneefall«, fällt es äußerst schwer, die menschliche Gestalt zu entdecken, von der angenommen wird, sie schaue sich den Berg nach dem Schneefall an. Erst nach sorgfältiger Untersuchung findet man sie: unter einer Föhre hockend und höchstens einen Zoll groß. Auf einem anderen Gemälde aus der Sungzeit sieht man vier Figuren, dem Aussehen nach Gelehrte, die durch einen herbstlichen Wald wandern und die Köpfe nach oben recken, um in das Astgewirr der mächtigen Bäume zu schauen. Es tut dem Menschen gut, wenn er sich zuzeiten recht von Herzen klein vorkommt. Ich habe einmal einen Sommer in Kuling verbracht, und wie ich da auf der Bergeshöhe lag, sah ich zwei winzige Geschöpfe, so groß wie Ameisen, hundert Meilen entfernt in Nanking ihr Wesen treiben und sich mit Haß und Neid befehden, denn beide wollten sich um unser liebes China verdient machen, und aus solcher Entfernung sah ihr Treiben reichlich komisch aus. Deshalb schreiben die Chinesen einer Reise in die Berge eine läuternde Wirkung zu: sie reinigt die Brust von einem Wust törichter Ansprüche und unnötiger Sorgen.

VI

Weihnachtsweisheit
oder
Einen Stern braucht jeder

Wilhelm Busch

Der Stern

Hätt einer auch fast mehr Verstand,
Als wie die drei Weisen aus Morgenland,
Und ließe sich dünken, er wär wohl nie
Dem Sternlein nachgereist wie sie;
Dennoch, wenn nun das Weihnachtsfest
Seine Lichtlein wonniglich scheinen läßt,
Fällt auch auf sein verständig Gesicht,
Er mag es merken oder nicht,
Ein freundlicher Strahl
Des Wundersternes von dazumal.

Joseph Roth

Weihnachten moderner Junggesellen

Vor einem halben Jahr noch war diese Bar nicht vorhanden. Damit sie entstehe, bedurfte es eines modernen Architekten mit einem sadistischen Zug, einer jener Männer, denen es vollkommen gleichgültig ist, ob sie ein Mausoleum, eine elektrische Hinrichtungsstätte, ein Warenhaus oder ein Nachtlokal bauen sollen, ein Maschinenhaus oder eine Gartenlaube, einen Musiksalon oder ein Badezimmer. Ein gewisser sakraler Komfort verbindet sich mit einer grausamen Nüchternheit, und das Zweckmäßige ist bis zu einem so vollendeten Grade vorausbedacht, daß es bereits die Wirkung des Schaurigen auszuüben beginnt. Es gibt in manchen Warenhäusern stahlblau beleuchtete Fahrstühle, in die man nicht ohne eine starke Erschütterung einsteigt und in denen man der Täuschung verfällt, daß sie, die sich so bemühen, das Metaphysische nicht in Betracht kommen zu lassen, dennoch in eine Art Himmel aus Violett, Chromsilber, Magnetstahl und Gift emporführen.

Diese Bar erinnert an eine kahle Gruft unter einer Kapelle. Das hängt vielleicht mit dem sarkophagförmigen Bartisch zusammen, der ein massives, dunkelbraunes Halbrund bildet, mit einer Platte aus einem neuerfundenen schimmernden Metall. Es ist ein Metall, das sich dem Glas nähert und gleichzeitig dem Marmor – und ich zweifle sehr, ob es mir möglich sein wird, es deutlich zu beschreiben. Zwar hat man die Empfindung, daß es eher elastisch sein könnte als porös. Aber seine Oberfläche ist schlüpfrig, eisig etwa, und man könnte sich vorstellen, daß es, bis zu einer Durchsichtigkeit gewalzt, eine Fensterscheibe zu ersetzen imstande wäre. Es glänzt stählern und schimmert glasig und ist dennoch lautlos.

Und das Wunderbarste: ein Glas, auf dieses Metall heftig gestellt, gibt gar keinen Klang, es ist, als stelle man Gummi auf Gummi! Und diese Lautlosigkeit vervollständigt den Gruftcharakter der Bar – und weil ein unhörbarer, polierter, gutgeölter Betrieb ohne viele und ohne laute Worte auskommt, Gläser nicht klirren können, Türen automatisch schließen, die neuen Wasserhähne nicht rinnen, die Bargetränke, als wären sie flüssiges Linoleum, ohne einen gurgelnden Laut aus den Flaschen in die Gläser schlüpfen: ist der Eindruck des Toten, Erstarrten, Schattenlosen in dieser modernen Bar vollkommen. Selbstverständlich kommen die Gäste um Mitternacht. Sie kommen so unhörbar, daß sie auftauchen, erscheinen, herbeigezaubert werden. Es sind lauter moderne Gäste. Sie haben strenge und markante Gesichter, theoretisch könnte jeder von ihnen, obwohl er nur sein Automobil hierhergesteuert hat, soeben den Ozean überquert haben, mittels eines Aeroplans; Rekordbrecher, einer wie der andere, Köpfe wie Lederhauben, Augen wie Autobrillen, Stoppuhren in der Brust, Tempo im Leib. Sie setzen sich, sagen gar nichts – und schon stehen Becher auf ihren Tischen, Mentholflüssigkeiten für die Zahnpflege, hygienischer Alkohol, angelsächsische Rauschmittel für Ozeanflieger. Sie reden gar nichts. Höchstens sagt einer zum anderen: »Haben Sie schon – –?« Und der andere ergänzt: »gelesen«. Es ist Mitternacht, alle Zeitungen von morgen sind schon erschienen, morgen kann höchstens übermorgen sein.

Merkwürdig ist nur, daß plötzlich ein Klavier ertönt. Ein Mann aus einem vergangenen Jahrhundert, er erinnert an einen Walzer, keine Spur von Lederhaube oder Aeroplan, nur Leierkasten und Harfe, verkörperte Drehbewegung, ein erstarrter Schnörkel, viele schwarze Haare, Falten im Gesicht; dieser Mann beginnt zu singen. Daß er aus Wien stammt, daß ein nationaler Anschlußwille ihn hierhergetrieben hat: Wer kann es bezweifeln? Schon singt er das »Fiakerlied«. Schon den »Schönbrunner Park«. Schon »Wien, nur du allein«. Und schon erglüht auf dem Klavier ein bengalischer Weihnachtsbaum, hergeholt aus einem Wald von Pappe, ausgesägt aus einer Theaterdekoration (die man jetzt nicht mehr braucht), ein Baum aus Karton, mit Nadeln aus Filz, mit Sternen aus Glühlampen. Auf der Baumspitze steckt eine Tafel: *Hier können Junggesellen Weihnachten feiern.*

Schon feiern sie: wehmütig geworden, der Baum rührt an ihr Innerstes, dort, wo die Stoppuhr eingebaut ist, vergessen den Ozeanflug, Marzipan herrscht vor, man war einmal ein Kind, bevor man ein Gespenst geworden, die Zeit war einmal eine Zeit, nicht immer ein Tempo. Wenn Gespenster Tränen hätten, würden sie weinen. So aber schweigen sie. Leise nur sagt einer zum anderen: »Haben Sie schon – –?«

Und der andere antwortet: »morgen gelesen!«

Sarah Kirsch

Zwischenlandung

Wenn es auf Weihnachten geht
Kehren die Dichter
Zu ihren tüchtigen Frauen zurück
Ach was sind sie das ganze Jahr
Über die Erde gelaufen
Was haben sie alles gehört was
Nachgedacht, ihre Zeitung geschrieben
Durch Fabriken gestiegen, den Kartoffeln
Brachten sie menschliche Umgangsformen bei, sahn
Dem Rauch nach der kriecht und steigt
Sie haben alles geschluckt manchmal Manhattan-
Cocktails wegen des Namens, sie verschärften
Den Klassenkampf meditierten
Über das Abstrakte bei Fischen, bis eines Tags
Durch ihre dünnen Mäntel die Kälte kommt
Sehnsucht
Nach einem wirklichen Fisch in der Schüssel
Sie jäh überfällt und Erinnrung
An die Frau die sich am Feuer gewärmt hat
Da bleibt
Der Zorn in den großen Städten zurück, sie kommen
Mit seltsamen Hüten für ihre Kinder
Spüln sogar Wäsche spielen Klavier, bis
Sie es satt haben nach Neujahr, da
Brechen sie Streit vom Zaun, gehen erleichtert
Weg in den Handschuhn von unterm
    Weihnachtsbaum

Karl Heinrich Waggerl

Die stillste Zeit im Jahr

Advent, das ist die stillste Zeit im Jahr, wie es im Liede heißt, die Zeit der frohen Zuversicht und der gläubigen Hoffnung. Es mag ja nur eine Binsenweisheit sein, aber es ist eine von den ganz verläßlichen Binsenweisheiten, daß hinter jeder Wolke der Trübsal doch immer auch ein Stern der Verheißung glänzt. Daran trösten wir uns in diesen Wochen, wenn Nacht und Kälte unaufhaltsam zu wachsen scheinen. Wir wissen ja doch, und wir wissen es ganz sicher, daß die finsteren Mächte unterliegen werden, an dem Tag, mit dem die Sonne sich wendet, und in der Nacht, in der uns das Heil der Welt geboren wurde.

Für die Leute in den Städten hat der Advent kein großes Geheimnis mehr. Ihnen ist es nur unbequem und lästig, wenn die ersten Fröste kommen, wenn der Nebel in die Straßen fällt und das karge Licht des Tages noch mehr verkürzt. Aber der Mensch auf dem Lande, in entlegenen Tälern und einschichtigen Dörfern, der steht den gewaltigen Kräften der Natur noch unmittelbar gegenüber. Stürme toben durch die Wälder herab und ersticken ihm das Feuer auf dem Herd, er sieht die Sonne auf ihrem kurzen Weg von Berg zu Berg krank werden und hinsterben, grausig finster sind die Nächte, und der Schneedonner schreckt das Wild aus seinen Zuflüchten. Noch in meiner Kindheit gab es kein Licht in der Stube außer von einer armseligen Talgkerze. Der Wind rüttelte am Fensterladen und schnaufte durch die Ritzen, das hörte sich an wie der Atem eines Ungeheuers, das draußen herumging mit tappenden Hufen und schnupperte, an der Wand, an den Dachschindeln, überall. Wie gut, wenn ein Licht dabei brannte, gottlob für einen winzigen Funken Licht in der schrecklichen Finsternis! (…)

Kindheit und Jugend, das alles liegt weit zurück. Aber die Christnacht ist noch immer voll von Geheimnissen, sie blieb die Nacht der Offenbarung. Lang vor der Mettenzeit tritt man gern einmal vor die Tür und steht allein unter dem Himmel, nur um zu spüren, wie still es ist, wie alles gleichsam den Atem anhält und auf das Wunder wartet. Auf den Höhen sieht man schwebende Lichter, als hätten sich Sterne vom Firmament gelöst und wanderten nun ins Tal. Das sind die Laternen der Leute, die von den Bergen herab zur Kirche gehen. Einmal fand ich auf dem Weg zur Mette eine erfrorene Kuckucksblume am verschneiten Bach. Unzählige braune Samenkörner rieselten mir in die Hand, und während ich sie wieder verstreute, dachte ich bei mir, wie tröstlich es doch ist, daß sich Gottvater nicht auch von den Errungenschaften der Technik erschrecken läßt, sondern daß er nach wie vor seine altmodischen Kuckucksblumensamen erzeugt.

Denn wie ist es in Wahrheit, liebe Freunde? Leben wir nicht in einer Weltzeit des Advent? Scheint uns nicht alles von der aufkommenden Finsternis bedroht zu werden, das karge Glück unseres Daseins? Wir warten bang auf den Engel mit der Botschaft des Friedens und vergessen so leicht, daß diese Botschaft nur denen gilt, die guten Willens sind. Es ist kein Trost und keine Hilfe bei der Weisheit der Weisen und der Macht der Mächtigen. Denn der Herr kam nicht zur Welt, damit die Menschen klüger, sondern damit sie gütiger würden. Und darum sind es allein die Kräfte des Herzens, die uns vielleicht noch einmal werden retten können.

Anton G. Leitner

Zu den heiligen Nächten

I.

Die Geschichte läuft
In der Nacht
Der Geburt

Keinen Schritt mehr
Zurück. Mancher
Fand seinen

Traum erhellt
Durch elektrisches
Licht.

Dann brannten
Die Kerzen
Im Takt der

Zeit
Schaltuhr
Und kein Honig

Tropfte
Von Jesses
Baum.

II.

Einmal im Jahr
Drückt der Mond
Beide Augen

Zu. Einem Stern
Überläßt er
Sein Licht.

Drei Männer
Finden den Weg
Ans Ende

Der Nacht. Darüber
Hinweg täuscht
Kein Rauch:

Sie schenken
Ein Kreuz.
Es wächst

Mit dem Kind.
Einer für alle
Und alle

Gegen ihn.
Das Ende
Ist bekannt.

Friedrich Hölderlin

Was wäre das Leben ohne Hoffnung

Lieber! was wäre das Leben ohne Hoffnung? Ein Funke, der aus der Kohle springt und verlischt, und wie man bei trüber Jahrszeit einen Windstoss hört, der einen Augenblik saust und dann verhallt, so wär' es mit uns?

Auch die Schwalbe sucht ein freundlicher Land im Winter, es läuft das Wild umher in der Hizze des Tags und seine Augen suchen den Quell. Wer sagt dem Kinde, dass die Mutter ihre Brust ihm nicht versage? Und siehe! es sucht sie doch.

Bertolt Brecht

Die Frage, ob es einen Gott gibt

Einer fragte Herrn K., ob es einen Gott gäbe. Herr K. sagte: »Ich rate dir, nachzudenken, ob dein Verhalten je nach der Antwort auf diese Frage sich ändern würde. Würde es sich nicht ändern, dann können wir die Frage fallenlassen. Würde es sich ändern, dann kann ich dir wenigstens noch soweit behilflich sein, daß ich dir sage, du hast dich schon entschieden: Du brauchst einen Gott.«

Heinz Kahlau

Gott ist nicht da

Es gibt kein Paradies
nach diesem Jammertal.
Kein Jüngstes Gericht
findet statt.
Gott ist nicht da.

Gott ist nicht da?
Kein Jüngstes Gericht
findet statt?
Es gibt kein Paradies
nach diesem Jammertal?

Rafe Martin und Manuela Soares

Es war einmal ein Fischkind

Es war einmal ein Fischkind, das fragte einen älteren, größeren Fisch nach dem Meer.

»Was ist das Meer?«, fragte es. »Ständig reden die Leute davon, aber ich weiß nicht, was es ist.«

»Na, das Meer ist rings um dich herum, mein Kleiner«, sagte der erwachsene Fisch.

»Wenn das so ist, warum kann ich es dann nicht sehen?«, fragte der junge Fisch.

»Weil es überall ist. Es umgibt dich. Es ist in dir drin und außerhalb von dir. Du bist im Meer geboren und du wirst einmal im Meer sterben. Aber das ist noch nicht alles: Du selbst bist das Leben des Meeres. Wenn du schwimmst, offenbarst du dessen Da-Sein. Gerade weil es dir so nah ist, fällt es dir so schwer, es zu sehen. Aber keine Sorge: Es ist hier.«

Johann Wolfgang Goethe

Es gibt nur zwei wahre Religionen

Es gibt nur zwei wahre Religionen, die eine, die das Heilige, das in und um uns wohnt, ganz formlos, die andere, die es in der schönsten Form anerkennt und anbetet. Alles, was dazwischen liegt, ist Götzendienst.

Fred Endrikat

Weisheit auf Eseln

Ein Weiser ritt vom Morgenland
auf seinem Esel durch den Sand.
Der Weise dachte, dacht' und ritt,
der Esel stapfte Schritt für Schritt.
Auf gleichem Wege kreuz und quer
kam noch ein weiser Mann daher,
der dachte auch und dacht' und ritt,
sein Esel stapfte Schritt für Schritt.
Die weisen Männer grüßten sich
mit »Salem« und »Gott grüße dich«.
Sie waren nämlich ganz extrem
aus Mekka und aus Bethlehem.
Auch beide Esel grüßten sich
auf ihre Art, ganz einheitlich.
Nach kurzer Zeit ein weiser Mann
mit Vorsicht ein Gespräch begann.
Er wählt als Thema das Problem:
Ob Mekka oder Bethlehem.
Der andre Weise lauscht' und ritt,
die Esel stapften Schritt für Schritt.
So geht es eine Weile fort,
da nimmt der andre Mann das Wort,
behauptet, daß das Seelenheil
allein nur ruht im Gegenteil,
denn überdies und außerdem
nur Mekka – niemals Bethlehem.
Jetzt rief der weise Widerpart:
Man schwört beim Kreuz und nicht beim Bart.

Ob das Gott wohlgefällig sei,
von wegen der Vielweiberei.
Höchst sündig – wenn auch angenehm –
sei Mekka anstatt Bethlehem.

Man diskutierte, stritt und stritt.
Die Esel dachten Schritt für Schritt:
Für uns ist beides unbequem,
ob Mekka oder Bethlehem.
Der Abend kam und dann die Nacht.
Wenn sich die zwei nicht umgebracht,
schwört jeder noch auf sein System,
teils Mekka und teils Bethlehem.
Das haben alle Weisen eigen:
Sie lassen sich nicht überzeugen.

Wenn sich zwei weise Männer streiten,
die sollten nie auf Eseln reiten,
auch nicht beim Streit ums Seelenheil,
denn Esel denken sich ihr Teil.
Ob Mekka oder Bethlehem –
für Esel ist dies kein Problem.

Dschuang Dsï

Lösung von Meinungsverschiedenheiten

Angenommen, ich disputierte mit dir; du besiegst mich, und ich besiege dich nicht. Hast du nun wirklich Recht? Hab' ich nun wirklich Unrecht? Oder aber ich besiege dich, und du besiegst mich nicht. Habe ich nun wirklich Recht und du wirklich Unrecht? Hat einer von uns Recht und einer Unrecht, oder haben wir beide Recht oder beide Unrecht? Ich und du, wir können das nicht wissen. Wenn die Menschen aber in einer solchen Unklarheit sind, wen sollen sie rufen, um zu entscheiden? Sollen wir einen holen, der mit dir übereinstimmt, um zu entscheiden? Da er doch mit dir übereinstimmt, wie kann er entscheiden? Oder sollen wir einen holen, der mit mir übereinstimmt? Da er doch mit mir übereinstimmt, wie kann er entscheiden? Sollen wir einen holen, der von uns beiden abweicht, um zu entscheiden? Da er doch von uns beiden abweicht, wie kann er entscheiden? Oder sollen wir einen holen, der mit uns beiden übereinstimmt, um zu entscheiden? Da er doch mit uns beiden übereinstimmt, wie kann er entscheiden?

So können also ich und du und die andern einander nicht verstehen, und da sollten wir uns von etwas, das außer uns ist, abhängig machen? Vergiß die Zeit! Vergiß die Meinungen! Erhebe dich ins Grenzenlose! Und wohne im Grenzenlosen!

Friedrich Nietzsche

Des Tages erster Gedanke

Des Tages erster Gedanke. – Das beste Mittel, jeden Tag gut zu beginnen, ist: beim Erwachen daran zu denken, ob man nicht wenigstens *einem* Menschen an diesem Tage eine Freude machen könne. Wenn dies als ein Ersatz für die religiöse Gewöhnung des Gebetes gelten dürfte, so hätten die Mitmenschen einen Vorteil bei dieser Änderung.

VII

Weihnachtswunder
oder
Am Anfang war die Botschaft

Hanns Dieter Hüsch

Frieden

Frieden fängt beim Frühstück an
Breitet seine Flügel
Fliegt dann durch die Straßen
Setzt sich auf die Dächer dann
Großer Sehnsuchtsvogel
Breitet seine Flügel aus
Daß Friede sei in jedem Haus
Opa wiegt das Enkelkind
Auf den alten Knien
Zeigt dem Kind den Vogelflug
Wie der Knecht den Herrn ertrug
Und der Vogel fliegt sich wund
Von Bucht zu Bucht von Sund zu Sund
Trägt sein Zeichen vor sich her
Von Land zu Land von Meer zu Meer
Daß der Mensch sein Leid erkennt
Von Kontinent zu Kontinent
Bis die Taube nicht mehr kann: –
Frieden fängt beim Frühstück an

Franz Kafka

Eine kaiserliche Botschaft

Der Kaiser – so heißt es – hat dir, dem Einzelnen, dem jämmerlichen Untertanen, dem winzig vor der kaiserlichen Sonne in die fernste Ferne geflüchteten Schatten, gerade dir hat der Kaiser von seinem Sterbebett aus eine Botschaft gesendet. Den Boten hat er beim Bett niederknien lassen und ihm die Botschaft ins Ohr geflüstert; so sehr war ihm an ihr gelegen, daß er sich sie noch ins Ohr wiedersagen ließ. Durch Kopfnicken hat er die Richtigkeit des Gesagten bestätigt. Und vor der ganzen Zuschauerschaft seines Todes – alle hindernden Wände werden niedergebrochen und auf den weit und hoch sich schwingenden Freitreppen stehen im Ring die Großen des Reichs – vor allen diesen hat er den Boten abgefertigt. Der Bote hat sich gleich auf den Weg gemacht; ein kräftiger, ein unermüdlicher Mann; einmal diesen, einmal den andern Arm vorstreckend schafft er sich Bahn durch die Menge; findet er Widerstand, zeigt er auf die Brust, wo das Zeichen der Sonne ist; er kommt auch leicht vorwärts, wie kein anderer. Aber die Menge ist so groß; ihre Wohnstätten nehmen kein Ende. Öffnete sich freies Feld, wie würde er fliegen und bald wohl hörtest du das herrliche Schlagen seiner Fäuste an deiner Tür. Aber statt dessen, wie nutzlos müht er sich ab; immer noch zwängt er sich durch die Gemächer des innersten Palastes; niemals wird er sie überwinden; und gelänge ihm dies, nichts wäre gewonnen; die Treppen hinab müßte er sich kämpfen; und gelänge ihm dies, nichts wäre gewonnen; die Höfe wären zu durchmessen; und nach den Höfen der zweite umschließende Palast; und wieder Treppen und Höfe; und wieder ein Palast; und so weiter durch Jahrtausende; und stürzte er endlich aus dem äußersten Tor – aber niemals, niemals kann es geschehen –, liegt erst die Residenzstadt vor ihm, die Mitte der Welt, hochgeschüttet voll ihres Bodensatzes. Niemand dringt hier durch und gar mit der Botschaft eines Toten. – Du aber sitzt an deinem Fenster und erträumst sie dir, wenn der Abend kommt.

Franz Hohler

Die Verkündung

Letzthin, im Zug, direkt neben dir, das elend-fröhliche Digitalpiepsen eines Handys, und du weißt, jetzt wirst du die Seite nicht in Ruhe zu Ende lesen können, du wirst mithören müssen, wo die Unterlagen im Büro gesucht werden sollten oder warum die Sitzung auf nächste Woche verschoben ist oder in welchem Restaurant man sich um 19 Uhr trifft, kurz, du bist auf die unüberhörbaren Schrecknisse des Alltags gefasst – und da kramt der junge Mann sein Apparätchen aus der Tasche, meldet sich und sagt dann laut: »Nein! – Wann? – Gestern Nacht? – Und was ist es? – Ein Bub? – So herzig! – 3½ Kilo? – Und wie geht es Jeannette? – So schön! – Sag ihr einen Gruß, gell! – Wie? – Oliver? …«

Und über uns alle, die wir in der Nähe sitzen und durch das Gespräch abgelenkt und gestört werden, huscht ein Schimmer von Rührung, denn soeben haben wir die uralte Botschaft vernommen, dass uns ein Kind geboren wurde.

Eugen Roth

Der Engel

Es wandelt schön und groß
Ein Engel vor uns her.
Oh Augen gnadenlos:
Wir sehen ihn nicht mehr.

Er wandelt groß und schön
Durch diese Tage schwer.
Im Stöhnen und Gedröhn:
Wir hören ihn nicht mehr.

Wir sehen nicht sein Licht.
Uns bleibt der Himmel leer.
Wir hörn nicht, wie er spricht:
»Gott in der Höh sei Ehr!«

Wir hören nicht, wie er spricht:
»Friede sei um euch her!
Ihr Menschen fürcht' euch nicht!«

Wir fürchten uns gar sehr …

Friedrich Nicolai

Die Gesellschaft Jesu

Als der General Kyau einst etwas unpäßlich war, so kamen zwei Jesuiten zu ihm und wollten ihn bekehren.

Er fragte, wer sie wären.

Sie gaben zur Antwort, sie wären Patres Societatis Jesu.

»Ja«, sagte er, »die Herren müssen deutsch reden, ich verstehe kein Latein.«

Worauf sie erwiderten, sie wären von der Gesellschaft Jesu.

»So«, sprach der General, »von welcher sind Sie denn? Es sind mir zwei Gesellschaften Jesu bekannt. Sind Sie denn von der ersten oder von der andern?«

Sie sprachen ferner, sie wären von der Gesellschaft Jesu.

»Nun wohlan, Jesus hat zwo Gesellschaften in seinem Leben gehabt, die erste bei seiner Geburt, das waren Ochsen und Esel, die andere war bei seinem Ende, und das waren Diebe und Mörder. Unter welche gehören nun die Herren also?«

Sie schwiegen hierauf stille und gingen sachte wieder weg.

Erich Kästner

Dem Revolutionär Jesus zum Geburtstag

Zweitausend Jahre sind es fast,
seit du die Welt verlassen hast,
du Opferlamm des Lebens!
Du gabst den Armen ihren Gott.
Du littest durch der Reichen Spott.
Du tatest es vergebens!

Du sahst Gewalt und Polizei.
Du wolltest alle Menschen frei
und Frieden auf der Erde.
Du wußtest, wie das Elend tut
und wolltest alle Menschen gut,
damit es schöner werde!

Du warst ein Revolutionär
und machtest dir das Leben schwer
mit Schiebern und Gelehrten.
Du hast die Freiheit stets beschützt
und doch den Menschen nichts genützt.
Du kamst an die Verkehrten!

Du kämpftest tapfer gegen sie
und gegen Staat und Industrie
und die gesamte Meute.
Bis man an dir, weil nichts verfing,
Justizmord, kurzerhand, beging.
Es war genau wie heute.

Die Menschen wurden nicht gescheit.
Am wenigsten die Christenheit,
trotz allem Händefalten.
Du hattest sie vergeblich lieb.
Du starbst umsonst. Und alles blieb
beim alten.

Hermann Hesse

Weihnacht

(Dezember 1917)

Auch früher schon, ehe die große Mahnung an uns ergangen war, bekam ich an Weihnachten je und je leise Widerstände, bekam einen etwas unangenehmen Geschmack auf der Zunge zu fühlen, wie bei einer Sache, welche zwar hübsch, aber nicht ganz echt ist, welche zwar allgemein Vertrauen und Achtung genießt, welcher man aber ganz heimlich doch ein wenig mißtraut. (...)

Unsere Weihnacht ist, von den paar wirklich Frommen abgesehen, ja schon sehr lange eine Sentimentalität. Zum Teil ist sie noch Schlimmeres geworden, Reklameobjekt, Basis für Schwindelunternehmungen, beliebtester Boden für Kitschfabrikation.

Das kommt daher: die Weihnacht und das Fest der Liebe und Kindlichkeit ist für uns alle schon längst nicht mehr Ausdruck eines Gefühls. Es ist das Gegenteil, ist längst nur noch Ersatz und Talmi-Nachahmung eines Gefühls. Wir tun einmal im Jahre so, als legten wir großen Wert auf schöne Gefühle, als ließen wir es uns herzlich gern etwas kosten, ein Fest unserer Seele zu feiern. Dabei kann die vorübergehende Ergriffenheit von der wirklichen Schönheit solcher Gefühle sehr echt sein; je echter und gefühlvoller sie ist, desto mehr ist sie Sentimentalität. Sentimentalität ist unser typisches Verhalten der Weihnacht und den wenigen anderen äußeren Anlässen gegenüber, bei denen noch heute Reste der christlichen Lebensordnung in unser Tagesleben eingreifen. Unser Gefühl dabei ist dieses: »Wie schön ist doch dieser Liebesgedanke, wie wahr ist es, daß nur Liebe erlösen kann! Und wie schade und bedauerlich, daß unsere Verhältnisse uns nur einen einzigen Abend im Jahr den Luxus dieses schönen Gefühls gestatten, daß wir sonst jahraus jahrein durch Geschäfte und andere wichtige Sorgen davon abgehalten sind!« Dies Gefühl trägt alle Merkmale der Sentimentalität. Denn Sentimentalität ist das Sich-Erlaben an Gefühlen, die man in Wirklichkeit nicht ernst genug nimmt, um ihnen irgendein Opfer zu bringen, um sie irgend je zur Tat zu machen.

Wenn die Pfarrer und Frommen klagen, daß der Glaube und damit das Glück aus der Welt geschwunden sei, so haben sie recht. Unser Verhalten gegen alle wirklichen Werte des Menschen ist von einer Barbarei und Roheit, wie sie die Welt seit Jahrhunderten nicht mehr gesehen hat. Dies zeigt sich in unserm Verhalten zur Religion, in unserm Verhalten zur Kunst, in unserer Kunst selber. Denn die beliebte Meinung, daß die Kunst des modernen Europa auf einer ungeheuer hohen Stufe stehe, ist ebenso ein Irrtum der Bildungsphilister wie die Meinung vom Vorhandensein einer hochstehenden und Respekt verdienenden »Kultur« unserer Zeit.

Der »Gebildete« von heute verhält sich zur Lehre Jesu so, daß er das ganze Jahr hindurch an sie nicht denkt und nach ihr nicht lebt, daß er aber am Weihnachtsabend einer vagen wehmütigen Kindererinnerung nachgibt und ein wenig in zahmen, wohlfeil-frommen Gefühlen schwelgt, ebenso wie er noch ein- oder zweimal im Jahre, etwa bei Aufführung der Matthäuspassion, dieser zwar längst verlassenen, dennoch aber noch unheimlichen und im Verborgenen mächtigen Welt seine Reverenz macht.

Ja, das alles gibt man zu, jedermann weiß es, und jeder weiß auch, daß es traurig ist. Schuld daran sind politische und ökonomische Entwicklungen, sagt man, schuld ist der Staat, schuld ist der Militarismus, und so weiter. Denn irgend etwas muß ja doch schuld sein. Kein Volk hat »den Krieg gewollt«, ebenso wie kein Volk den Vierzehnstundentag, die Wohnungsnot und die Kindersterblichkeit »gewollt« hat.

Ehe wir wieder Weihnacht feiern und das Ewige und einzig Wichtige in uns mit einem verlogenen Ersatzartikel von Gefühl abspeisen, sollten wir uns lieber dieses ganzen Elendes recht bewußt werden, auch wenn es zur Verzweiflung führt. Schuld an unserem Elend, schuld an der Nichtigkeit und rohen Verödung unseres Lebens, schuld am Krieg, schuld am Hunger, schuld an allem Bösen und Traurigen ist keine Idee und kein Prinzip, schuld daran sind wir, wir selber. Und auch nur durch uns, durch unsere Erkenntnis, durch unsern Willen kann es anders werden.

Ob wir dann die Lehre Jesu wieder aufnehmen und uns neu zu eigen machen oder ob wir andere Formen suchen, das ist einerlei. Die Lehre Jesu und die Lehre Lao Tses, die Lehre der Veden und die Lehre Goethes ist in dem, worin sie das ewig Menschliche trifft, dieselbe. Es gibt nur *eine* Lehre. Es gibt nur *eine* Religion. Es gibt nur *ein* Glück. Tausend Formen, tausend Verkünder, aber nur *einen* Ruf, nur *eine* Stimme. Die Stimme Gottes kommt nicht vom Sinai und nicht aus der Bibel, das Wesen der Liebe, der Schönheit, der Heiligkeit liegt nicht im Christentum, nicht in der Antike, nicht bei Goethe, nicht bei Tolstoi – es liegt in dir, in dir und in mir, in jedem von uns. Dies ist die alte, einzige, immer in sich gleiche Lehre, unsere einzige ewig gültige Wahrheit. Es ist die Lehre vom »Himmelreich«, welches wir »inwendig in uns« tragen.

Zündet euren Kindern die Weihnachtsbäume an! Lasset sie Weihnachtslieder singen! Aber betrüget euch selber nicht, seid nicht immer und immer wieder zufrieden mit diesem ärmlichen, sentimentalen, schäbigen Gefühl, mit dem ihr eure Feste alle feiert! Verlangt mehr von euch! Denn auch die Liebe und Freude, das geheimnisvolle Ding, das wir »Glück« nennen, ist nicht da und nicht dort, sondern nur »inwendig in uns«.

Khalil Gibran

Der Liebe ist die Liebe genug

Die Liebe gibt nichts als sich selbst und nimmt nichts als von sich selbst.

Die Liebe besitzt nicht, noch will sie Besitz sein.

Denn der Liebe ist die Liebe genug.

Ernst Bloch

Das Prinzip Hoffnung

Es kommt darauf an, das Hoffen zu lernen. Seine Arbeit entsagt nicht, sie ist ins Gelingen verliebt statt ins Scheitern. Hoffen, über dem Fürchten gelegen, ist weder passiv wie dieses, noch gar in ein Nichts gesperrt. Der Affekt des Hoffens geht aus sich heraus, macht die Menschen weit, statt sie zu verengen, kann gar nicht genug von dem wissen, was sie inwendig gezielt macht, was ihnen auswendig verbündet sein mag. Die Arbeit dieses Affekts verlangt Menschen, die sich ins Werdende tätig hineinwerfen, zu dem sie selber gehören. Sie erträgt kein Hundeleben, das sich ins Seiende nur passiv geworfen fühlt, in undurchschautes, gar jämmerlich anerkanntes. Die Arbeit gegen die Lebensangst und die Umtriebe der Furcht ist die gegen ihre Urheber, ihre großenteils sehr aufzeigbaren, und sie sucht in der Welt selber, was der Welt hilft; es ist findbar. Wie reich wurde allzeit davon geträumt, vom besseren Leben geträumt, das möglich wäre.

Robert Gernhardt

NACHT DER DEUTSCHEN DICHTER

Thema mit Variationen

THEMA
Stille Nacht, heilige Nacht,
alles wacht,
Einar Schleef.

VARIATIONEN
Stille Nacht, strahlende Nacht,
alles trinkt,
Sarah Kirsch.

Stille Nacht, bildende Nacht,
alles liest,
Hermann Kant.

Stille Nacht, schwelgende Nacht,
alles ißt,
Ulla Hahn.

Stille Nacht, lockende Nacht,
alles küßt,
Erich Loest.

Stille Nacht, kreisende Nacht,
alles raucht,
Günter Grass.

Stille Nacht, endende Nacht,
alles geht,
Stefan Heym.

Anhang

Nachwort

Geben wir es ruhig zu, sobald die Tage kürzer und die Nächte kälter werden, stellt sich eine sonderbare Vorfreude bei uns ein: Es geht auf Weihnachten zu. Was hat dieses Fest an sich, dass es uns jedes Jahr aufs Neue in seinen Bann zieht?

Nennen wir es Weihnachtsmagie. In den Augen der Kinder kann man sie am deutlichsten sehen, zumindest solange sie noch nicht der Entzauberung zum Opfer gefallen sind. Wir, die wir nicht mehr ans Christkind glauben, strahlen nicht mehr ganz so hell. Aber für den Zauber eines geschmückten Weihnachtsbaums bleibt sein Leben lang empfänglich, wer als Kind auch nur einmal, umgeben von Düften und Klängen, die verwirrende Pracht der leuchtenden Kerzen und glitzernden Kugeln in den lamettageschmückten Ästen einer Tanne gesehen hat, selbst wenn es eine Fichte war.

Trickreich und gelungen verbindet Weihnachten dieses Zauberhafte mit dem Spirituellen, mit dem Glauben an das Christkind. Es ist, ganz unabhängig von seiner religiösen Bedeutung, unsere erste Erfahrung mit einem überirdischen Wesen, mit einem, das noch dazu über die phantastische Fähigkeit verfügt, Wünsche in Erfüllung gehen zu lassen. Und es ist nicht nur strahlend schön, sondern bringt auch noch Geschenke, womit neben dem Spirituellen auch noch für das Materielle gesorgt ist. Das Ganze wird in der dunkelsten Jahreszeit als Lichterfest inszeniert, ist mit der Hoffnung auf Erlösung und Frieden verbunden, und wer daran nicht glauben mag, kann sich zumindest darauf freuen, dass es hinterher wieder heller wird. Wenn es Weihnachten nicht gäbe, man müsste es erfinden.

Besser wäre es allerdings, man würde es neu erfinden.

Denn so wie es ist, hat es eine unangenehme Kehrseite – von abgeklärten Zeitgenossen als Weihnachtsterror bezeichnet. Er besteht im Wesentlichen aus dem Stress und der Hektik, in die wir in den letzten Wochen vor dem Fest wie in einen Strudel hineingezogen werden; gegen unseren Willen wie es scheint, denn eigentlich will das niemand. Eigentlich würden alle viel lieber die Adventszeit dazu nutzen, um Geschenke zu basteln, um Plätzchen nach alten und neuen Rezepten zu backen und in den verschneiten Wald zu gehen, um eine verschlafene Tanne zum Christbaum des Jahres zu erklären, und ein bisschen Moos für die Krippe kann man bei der Gelegenheit auch gleich mitnehmen. Eigentlich will niemand kurz vor dem 24. noch durch die Geschäfte hetzen, Verzweiflung in den Augen, um irgendetwas zu finden, was irgendwer noch nicht hat, weil er es garantiert auch nicht braucht. Und eigentlich will niemand im kalten Dezemberwind Lichterketten und Girlanden am Dachgiebel befestigen. Niemand will es, aber alle machen mit. Ist Weihnachten ein Fall von Massenhysterie? Oder unterliegen wir einem kollektiven Zwang? Wenn ja, wer übt ihn aus?

Die Sache wird schon im September vorbereitet. Angeblich, weil Lebkuchen und Schokoladenherzen jetzt am besten schmecken, bei Temperaturen wohlgemerkt, bei denen man noch gut in Straßencafés sitzen und sich mit einem Espresso an den Urlaub erinnern kann. Ab November werden dann härtere Geschütze aufgefahren. Stapelweise werden wir mit Hochglanzbroschüren überhäuft. Erste Phantasien für den Wunschzettel, der von Jahr zu Jahr länger wird, werden freigesetzt. Im Dezember beginnt die Sache zu eskalieren. Eine geradezu barocke Flut von Nippes und Glitzerkram überschwemmt das Land: Straßen, Häuser, Schaufenster, Wohnungen – keine Ecke, die nicht dekoriert ist, die nicht blinkt und leuchtet, während auf allen Kanälen Rauschgoldengel mit Sex-Appeal die neue Weihnachtsbotschaft verkünden: Lieben heißt kaufen und schenken.

Bleibt die Frage, warum wir dafür anfällig sind, und hier kommt unser Gewissen ins Spiel: unser schlechtes Gewissen. Es kommt uns nämlich gerade recht, dass wir ein Fest der Liebe feiern sollen, denn wir haben an 360 Tagen im Jahr das ungute Gefühl, einfach zu wenig Zeit zu haben für unsere Lieben, für die Liebe schlechthin und am Ende auch für uns selbst. Es gibt zu viel, das in unserem Leben zu kurz kommt. Das lässt sich ohne mutige Schnitte nicht ändern, aber es lässt sich bestens kompensieren: man kauft Geschenke, teure Geschenke, um sich und anderen etwas Gutes zu tun, mit gutem Gewissen nun, denn man gönnt sich ja sonst nichts. So ist alles aufs Beste geregelt und für jeden ist gesorgt, vorausgesetzt, wir sind bereit, einen solchen Begriff von Liebe zu akzeptieren.

Die vorliegende Sammlung will all jenen Mut machen, die diesem Tanz Jahr für Jahr kopfschüttelnd gegenüberstehen. Die Aufforderung, Weihnachten abzuschaffen ist selbstverständlich nicht ernst gemeint, wohl aber die, das Fest der Liebe zu retten.

Literatur und Philosophie bieten hierzu zahlreiche Strategien an. Eine, die man als erste Hilfe nutzen kann, besteht darin, sich über den Wahnsinn lustig zu machen, der da vor sich geht. Denn natürlich ist eine derart widersprüchliche Angelegenheit eine Steilvorlage für Komik und Satire. Kaum einer aus der Liga der Lästermäuler kommt an Weihnachten vorbei. Abgesehen von Totalverweigerern wie Helmut Qualtinger, denen das ganze Fest getrost zum Teufel gehen kann, fällt jedoch auf, dass selbst gestandene Satiriker wie Kurt Tucholsky mit diesem Thema merkwürdig behutsam umgehen. Sie hauen wohl mit der Faust auf den Gabentisch, aber wenn der Christbaum zu wackeln beginnt, eilen sie dann doch herbei, um das Schlimmste zu verhindern. Auch sie versuchen an Weihnachten zu retten, was zu retten ist: der Eine die Liebe, der Andere den Glauben, der Dritte vielleicht nur glückliche Erinnerungen.

Letztere steigen wohl in jedem von uns auf, sobald die Zeit der duftenden Plätzchen und blitzenden Christbaumkugeln gekommen ist. Sie und alles andere, was noch dazugehört, führen uns auf direktem Weg in unsere Kindheit zurück. Glücklich ist, wer es wie Dylan Thomas schafft, den verborgenen Schatz der Erinnerung zu heben, ohne darüber sentimental oder gar traurig zu werden, sondern froh, dass da noch etwas lebendig in ihm ist, was einmal so schön war. Kindern dieses wundervolle Erlebnis zu ermöglichen, ist das Mindeste, was man tun kann.

Man muss deswegen nicht den ganzen Wahnsinn gutheißen oder gar mitmachen, im Gegenteil: gerade wenn man den Geist der Weihnachtszeit an die nächste Generation weitergeben will, ist es sinnvoll, sich darüber klar zu werden, was diesen Wahnsinn eigentlich ausmacht. Da ist es gut, dass so feinsinnige Beobachter wie Hermann Hesse sich die Zeit nehmen, genauer hinzusehen. Die Meisten, die dies tun, kommen zu dem wenig überraschenden Schluss, dass das Fest der Liebe zu einem Geschäft geworden ist; zu einem mit großem Aufwand betriebenen Geschäft, das uns scheinbar keinen Ausweg lässt als mitmachen oder verweigern. Die Betonung liegt auf scheinbar, denn wir haben es, wie so oft, mit einem Scheindilemma zu tun. Um es zu überwinden braucht es lediglich ein bisschen Mut und Phantasie: den Mut, nicht mitzumachen, was uns als normal suggeriert wird, und die Phantasie, seine Liebe anders zu zeigen, als mit Dingen, die sich kaufen lassen.

Sie gerade an Weihnachten mit Geschenken zu zeigen ist eine gute alte Tradition. Nichts spricht dagegen, solange das nicht zu einer Frage des Budgets gemacht wird. Man muss kein König aus dem Morgenland sein, um Freude zu bereiten. Es kommt vielmehr auf Dinge an, die das Herz berühren, etwas, das »vom Innern zum Innern spricht«, wie Goethe formuliert. Und damit hätten wir einen idealen Ansatzpunkt, um das Fest der Liebe aus den Fängen der Weihnachtsmaschinerie zu befreien: mit den Waffen der Liebe selbst. Es sind nämlich die Verliebten, die solche Dinge ganz von selbst finden. Und wenn es ihnen besser als irgendwem gelingt, durch kleine Geschenke große Freude zu bereiten, dann liegt das nicht an ihrem hormonellen Ausnahmezustand, sondern an ihrer Kommunikation. Ihr Geheimnis ist ganz einfach: Sie führen einen Dialog von Herz zu Herz und wenn sie dabei reden sind sie neugierig, achtsam, respektvoll, offen füreinander, höflich und stets darauf bedacht, die Sympathie und das Herz des anderen zu gewinnen, Gemeinsamkeit zu schaffen. Verliebte kommunizieren im besten Sinn des Wortes. Das ändert sich, sobald der Alltag in die Liebe einbricht. Der Dialog der Herzen verlagert sich nach und nach in den Kopf. Nun wird es zwar leider nicht ohne Weiteres möglich sein, nur weil am 24./25. Dezember das Fest der Liebe im Kalender steht, zu dieser alten Verliebtheit zurückzukehren, wohl aber zu der Art und Weise, in der Verliebte miteinander reden: auf der Suche nach dem, was das Herz des Anderen bewegt und bereit, die Welt mit seinen Augen zu betrachten. Als Geschenk wäre ein solches Gespräch so Manchem und so Mancher weitaus lieber als ein tragbares Telefon mit eingebautem Bügelbrett, und es könnte beiläufig auch dazu führen, dass es mit den Hormonen wieder klappt: ein Fest der Liebe mit So schön war-es-schon-lange-nicht-mehr-Garantie.

Dass Weihnachten uns die Chance dazu mehr als andere Feier- und Urlaubstage bietet, liegt auch an der Jahreszeit. Die stillste Zeit im Jahr ist der Dezember zwar schon lange nicht mehr, aber der kurze Weg der Sonne macht es doch nötig, dass wir uns früher als sonst in unsere Höhle verkriechen, um am Feuer zu sitzen – beste Gelegenheit zur Introversion, weswegen man an Weihnachten auch gerne mal besinnlich wird. Und wie die Liebe, so ist auch die Besinnlichkeit eine von den Angelegenheiten, die wir das ganze Jahr über sträflich vernachlässigen. Gemeint ist damit nicht die Besinnlichkeit der Taufscheinchristen, die den Christmettenbesuch oder den Weihnachtsgottesdienst dazu nutzen, wenigstens einmal im Jahr zur Kirche zu gehen. Gemeint ist vielmehr ein psychohygienischer Vorgang, in dessen Verlauf man es schaffen kann, endlich mal wieder zu sich selbst zu kommen. Wer, wie so viele, von seinem Geschäft durchs Jahr getrieben wird, tut gut daran, sich ab und zu mal wieder darüber klar zu werden, woher er kommt, wohin er will und womit er die Zeit verbringt, die er sein Leben nennt.

Auf geradezu wunderbare Weise gelingt solche Klärung auf einsamen Spazierwegen durch die Winterlandschaft. Ihre reinigende Wirkung wird von Lebenskunstphilosophen und Lebenskünstlern wärmstens empfohlen. Wer Glück hat, findet dabei nicht nur zu sich selbst zurück, sondern entdeckt auch noch den Stern, dem er bereit ist zu folgen; etwas, an dem er sein Leben orientieren kann: ein Ideal, eine Utopie, einen Gott, die Hoffnung und den Traum von einer besseren Welt, etwas, das diese irdische Existenz von Schaffen und Raffen übersteigt wie ein Stern den Horizont. Der Himmel über uns ist voll davon – es kommt darauf an, seinen eigenen zu finden. Weihnachten ist die beste Gelegenheit dazu.

Günter Stolzenberger

Quellennachweis

Paul Arène

Weihnachten bei uns in der Provence 34

In: Die Weihnachtsfee. Hrsg. und übersetzt von Tilmann Kleinau. © der deutschen Übersetzung: 1994 Deutscher Taschenbuch Verlag, München

h. c. artmann

wenn im öflein s feuer kracht 39

In: ein lilienweißer brief aus lincolnshire. gedichte aus 21 jahren. Hrsg. von Gerald Bisinger. Suhrkamp Verlag, Frankfurt am Main 1969. © Rosa Artmann

Matthias Beltz

Weihnachtsfeiern (Auszug) 96

In: Gute Nacht, Europa, wo immer du auch bist. © 1998 Karl Blessing Verlag, München, in der Verlagsgruppe Random House GmbH

Ernst Bloch

Das Prinzip Hoffnung (Auszug) 159

In: Werkausgabe, Band 5. Das Prinzip Hoffnung. Suhrkamp Verlag, Frankfurt am Main 1959

Bertolt Brecht

Die Frage, ob es einen Gott gibt 140

In: Werke. Große kommentierte Berliner und Frankfurter Ausgabe. Band 18. Prosa 3. © Suhrkamp Verlag, Frankfurt am Main 1995

Wilhelm Busch

Niemals 66

In: Und Überhaupt und sowieso. Reimweisheiten. Hrsg. von Günter Stolzenberger. München 2007

Der Stern 131

In: Gesamtausgabe. Fünfter Band. Schein und Sein. Hrsg. von Otto Nöldeke. München 1943

Emilio Cecchi

Feierliche Tischrede am Weihnachtsabend 111

In: Die Weihnachtshexe. Hrsg. und übersetzt von Tilmann